Schädliche Strahlung und ihre Abwehr

von
Roman Reinke

AF219014

Der Autor:

Diplom-Ingenieur und Architekt mit Zusatzstudium der Volkswirtschaft, sowie Ausbildung als Heilpraktiker, plante und baute hunderte Häuser, vor allem in gesunder Bauweise - und kümmerte sich schon früh um Zukunftsfragen. Beispielsweise wollte er das zuständige Ministerium zusammen mit einem promovierten Ingenieur vor rund 20 Jahren von einer sicheren Atommüllendlagerung im strahlungssicheren, wasserdichten und transportablen Betonbehälter überzeugen. Die Ministerin wollte aber von der Arbeit nichts wissen. Heute wird die freie Lagerung in Norddeutschland unter dicken Lehmschichten angedacht, über denen dann allerdings das Regen- und damit auch das Trinkwasser nachteilig lagern. Über „schädliche Strahlung und Abwehr" recherchiert der Autor schon seit vielen Jahren und wird auch laufend hierüber von Fachleuten informiert. Zum Thema schrieb er deshalb auch vor vielen Jahren als E-Book „Mobilfunk und W-Lan", sowie weitere Bücher. Und E-Books.

Meinem lieben Enkelkind gewidmet

Roman Reinke

Schädliche Strahlung und ihre Abwehr

(oder: Abwehr von 49 Mobilfunkleiden)

Das Strahlungs-Informationsbuch
BoD-Verlag

Auch als E-Book erhältlich

Bibliografische Information der Deutschen Nationalbibliothek: Die Deutsche Nationalbibliothek Verzeichnet diese Publikation in der Deutschen Nationalbibliografie; detaillierte bibliografische Daten sind
im Internet über **dnb.de** abrufbar.

Imprint:
Schädliche Strahlung und ihre Abwehr
Copyright: © 2021 by Roman Reinke
Herstellung und Verlag:
BoD – Books on Demand in Norderstedt
ISBN: 9783754306338

Inhaltsverzeichnis:

Der Inhalt zeigt die heutigen Strahlungsprobleme für die Gesundheit – und ihre Abwehr.

Die Einführung -..6
Kapitel 1: Die Infos aus dem Smartphone sind beliebt.8
Kapitel 2: Der krank machende Spaß mit Mobilfunk..14
Kapitel 3:„Biologische Wirkungen des Mobilfunks"..28
Kapitel 4: Stimmt die Schädlichkeit des Mobilfunks?49
Kapitel 5: Die Mobilfunk-Körperverletzung 66
Kapitel 6: 49 Mobilfunkleiden + das Leidensgedicht..89
Kapitel 7: Wie wird welche Strahlung genannt ?......93
Kapitel 8: Wie hoch und schädlich ist die Strahlung. .97
Kapitel 9: Strahlungsvermeidung und -abschirmung101
Kapitel 10: Die Radium- und radioaktive Strahlung.111
Kapitel 11: Die sparsame und gesunde Alternative...113
Kapitel 11: Die Klugheit weicht dem „weiter so"....119
Anhang:
Verbände gegen Strahlung.......................…....125
Baubiologen...…...126
Weitere wichtige Sachbücher des Autoren Seite…...127

Nach der Lektüre werden Sie vorsichtiger und telefonieren vielleicht auch **nicht mehr** mit dem Handy oder Smartphone **am Ohr.**

Einführung

Wenn man in der herrlichen Sonne liegt, fühlt man sich sehr wohl, bis man zu viel Sonnenstrahlung bekommen hat, die dann sogar schon als krebserregend von der Medizin eingestuft wird. Mehr Strahlung kann also durchaus schädlich sein – und einige Strahlungsarten besonders.

Zum Inhalt gehört vor allem die unbeliebte Wiedergabe der in den USA, Deutschland und vielen Ländern wissenschaftlich erwiesenen Mikrowellenschädlichkeit, über die auch 12 Professoren 2018 auf einer Tagung in Mainz sprachen. Zusätzlich werden die Briefe und Eingaben eines Arztes und einer Ärztin zu großen gesundheitlichen Schäden an den Menschen, besonders den Kindern und auch an der Natur, durch die Mikrowellen der Digitalisierung zitiert. Sodann werden die dadurch entstehenden vielen weiteren Krankheiten durch einen Arzt zitiert.

Wenn am 1. 9. 2020 die deutsche Bundesregierung das Internetportal www.gesund.bund.de herausbrachte, das dann über Pflege, Patientenrechte und gesundes Leben berichtet, dann fehlt mit großer Sicherheit immer das zuvor genannte Problem. Dies – obwohl rund jeder zweite an Krebs stirbt – und viele Ärzte und Medizin-Professoren in den Kapiteln vor den Mikrowellen als Krankheits- und Krebsursache warnen. Und zuletzt kommt dann die Strahlungsmessung, die Vermeidung und Abschirmung. Wo gibt es die Strahlungsmessgeräte und wo gibt es die Strahlung Abschirmendes? Und zuletzt wird die an die Politik geschriebene und dort unbeachtete Alternative gebracht. Verbände, die mit Fachleuten gegen die schädliche Strahlung arbeiten, werden im Anhang aufgeführt.

Das Herkunftsverzeichnis der aus den aufgezeigten Fernseh- und Presseberichten gebrachten Informationen und Zitate erfolgt jeweils beim Text. Die Links zu helfenden Institutionen oder Behörden und die immer genannten Quellenhinweise, auch zur weiteren Information, sollen behilflich sein, sich der Wahrheit zu nähern.

Für alle Links gilt: „Ich möchte ausdrücklich betonen, dass ich keinerlei Einfluss auf die Gestaltung und Inhalte der genannten Seiten habe, von denen ich mich ausdrücklich haftungsrechtlich distanziere. Der Inhalt wurde sorgfältig erarbeitet. Dennoch kann aus rechtlichen Gründen keine Haftung für den Inhalt für zitierte Stellen übernommen werden. Dabei distanziere ich mich bei Zitaten ausdrücklich von Inhalten, die möglicherweise straf- oder haftungsrechtlich relevant sind oder gegen die guten Sitten verstoßen. - Die Angaben beruhen immer auf den Kenntnissen zur Zeit der Recherche und befreien nicht von der Überprüfung für den konkreten Fall. Deshalb kann auch keine rechtlich verbindliche Zusicherung für die Eignung von Empfehlungen für den konkreten Fall gegeben werden.

Kapitel 1

Die Infos aus dem Smartphone sind beliebt.

„Geben Sie Gedankenfreiheit"
(Der Marquis aus Don Karlos, Infant von Spanien von
Friedrich von Schiller)

Geben Sie Gedankenfreiheit! - Noch ist sie vorhanden – aber sie schwindet. Denn außerdem sind fast alle – ob Alt- oder Neubürger – „Rohstofflieferanten für Google und Facebook, die als Händler unserer Daten die Welt regieren. Dabei merken wir gar nicht, wie man uns mithilfe dieser Daten manipuliert: Unsere Meinungen, unsere Entscheidungen, unsere Beziehungen."

Der Autor Schlecky Silberstein beschrieb dies in seinem Buch **„Das Internet muss weg"**, sowie allgemein die großen Probleme, die das Internet durch die laufende Benutzung vor allem der sozialen Medien, wie Facebook, mit sich bringt.

Das beginnt bereits in der Jugend, wenn er schrieb: „Nie waren Angststörungen und Depressionen unter Teenagern so hoch wie heute. Nie gab es so viele Teenager Selbstmorde. Nie beklagte sich eine Generation so sehr über Beziehungsstörungen wie Millennials, und nie registrierten Psychologen einen so niedrigen Stand des Empathie-Levels unter Jugendlichen wie heute." „Smartphones sind kleine Spielautomaten, deshalb können wir uns so schwer davon lösen. Die Münze ist dbei eine Dateneingabe infolge eines Interaktionsanreizes."

Die großen Probleme, die das Internet langfristig mit sich bringt, werden in dem Buch beschrieben: „E-Mail, Whats App, Snapchat. Moderne Kommunikation zerstört die Kommunikation." So heißt beispielsweise ein die heutigen Probleme beschreibendes Kapitel in dem Buch.

„Smartphones sind am Steuer lebensgefährlich. – Mehr Unfälle durch Ablenkung als infolge von Alkohol." So die Zeitungsüberschrift vom 15. 11. 2019 (HA/Stormarn). „Manche Fahrer sind durch elektronische Geräte so abgelenkt, dass sie es über Kilometer nicht wahrnehmen, wenn sie ein Polizeiauto verfolgt", sagte der Präventionsbeamte…Seine Kollegin ergänzte: „Trotz höheren Bußgelds stellen wir bei Kontrollen fest, dass die Zahl der Verstöße steigt." – Also doch: „Das Internet muss weg?" Smartphone oder Handy werden für viele zum Lebensinhalt. Das Handy ist so wichtig, dass in derselben Zeitung noch stand: „Jugendliche überfallen 67 Jahre alte Frau und rauben ihr das Handy."

Am 9./10. 11. 2019 (HA/dpa) hieß dann die Meldung: „Immer mehr Kinder leiden unter Beschwerden." Da wird von Kindern mit Migräne berichtet. Und die Dresdner Neurologin Goßrau wird zitiert mit: „Mehr als zwei Drittel der Schulkinder haben regelmäßig Kopfschmerzen." – Der Anteil der Kinder und Jugendlichen mit Kopfschmerzen nehme seit Jahren zu. „Schulfehltage (dadurch) können zu Leistungsabfall, Schulversagen und Schulangst führen. Viele Betroffene isolieren sich sozial, auch seelische Erkrankungen können häufiger vorkommen", warnte die Ärztin. Die

„Schädliche Bildschirmzeit" beschrieb eine Studie: „Medienkonsum beeinflusst das kindliche Gehirn. Besonders die Sprache leidet." (11. 11. 2019 HA/dpa) Für ihre Studie hatten Wissenschaftler des Cincinnati Children's Hospital Medical Center 47 Kinder im Alter zwischen 3 und 5 Jahren untersucht....Bei den Kindern mit mehr Bildschirmzeit war die sogenannte weiße Substanz im Hirn verändert....- vereinfacht könnte man davon sprechen, dass die Leitungsgeschwindigkeit der großen Datenautobahnen im Gehirn verringert war." Martin Korte von der TU Braunschweig sagte: „Das Hauptproblem ist in meinen Augen, dass Kinder, die viel Zeit vor Bildschirmen verbringen, weniger sprechen und weniger dem Sprechen anderer lauschen."

Sehr wichtig ist bei Kindern vor allem, dass moralische und geistige Werte so vermittelt werden, dass sich vermehrt positive neurale Verbindungen im Gehirn ausbilden können – wie bei Familie Gates, die ihre Kinder nur höchstens 2 Stunden täglich an die neuen Medien ließ. - Kinder von Arbeitslosen sitzen dagegen besonders lange vor dem Fernsehen. Im November 2007 wies der Züricher Hirnforscher Professor Lutz Jäncke darauf hin: Je länger Kinder und Jugendliche fernsehen, desto schlechtere Schulabschlüsse machen sie. Außerdem bestehe die Gefahr, dass sie TV-süchtig werden (in Bild 13. 11. 07).

Und in Italien soll 2021 Kindern unter 12 – wegen der Schädlichkeit – das Smartphone verboten werden.

Das zusätzlich Negative des fortwährenden Lebens mit Handy, Smartphone oder Bildschirmen wird laufend bewiesen. Dazu ein weiteres Beispiel: „Zu viel Facebook macht unglücklich und radikal. Neue Studie zeigt: Soziale Medien verstärken Verschwörungstheorien und Aggressivität. (HA J. M. Wellmann 28. 8. 2019.)" - Und diese Probleme werden immer größer. Sie beginnen bereits bei den Kindern: „Cybermobbing hat es vor zehn Jahren noch nicht gegeben", wurde die Ärztin Dr. Ott am 7. 11. 2019 im Hamburger Abendblatt zitiert. „Der Druck,. In den sozialen Medien präsent zu sein und gemocht zu werden, macht viele Kinder krank." So das ärztliche Zitat. Forscher beschrieben kurz vorher, dass Kinder vor dem 11. Lebensjahr vom Internet und von Smartphones möglichst fernzuhalten sind. Nicht bessere – sondern immer schlechtere Schulbildung wären die Folgen. Es kommt aber noch schlimmer: „Jedes vierte Schulkind ist psychisch auffällig, zeigt eine Studie der Krankenkasse DAK. Die Ursachen dafür sind vielfältig", so die Meldung vom 22. 11. 2019 (HA) – und „2 % der Schüler sind depressiv." Und da liest man dann unter anderem: „Äußere Einflüsse wie Stress oder das ständige Vergleichen in den sozialen Medien könnten eine Erkrankung dann natürlich begünstigen." Oder: „…neue Technologien, irreale Schönheits- und Lebensideale, zur Schau gestellt auf Instagram und Co." – Kliniken und Ärzte können oft helfen.

Am 2./3. März 2019 sah der ARD-Chef Ulrich Wilhelm (HA, J. Gaugele, J. Quoos u. S Vannnier) in den Geschäftsmodellen von Google und Facebook eine „Gefahr für die Demokratie". Und dann sagte er: „Wir sehen in Deutschland, dass durch Freund-Feind-Denken und Polarisierung der Zusammenhalt schwächer wird. In unserer Demokratie kommt Konsens ja immer durch Rede und Gegenrede zustande. Dann können Kompromisse auch getragen werden. Doch wenn Menschen nur noch zur Kenntnis nehmen, was sie in ihrer eigenen Meinung bestärkt, und nicht mehr das ganze Bild sehen, dann schwindet das Gemeinsame. Und Polarisierung und Hass nehmen zu."

Es kann aber noch viel schlimmer werden, denn der „Geheimdienst und Datenschutz warnten vor ,TikTok'-App", so die Meldung vom 25. 11. 2019 in der Zeitung „BILD". Das deutsche Bundesamt für Verfassungsschutz (BfV) warnte vor der Benutzung der erfolgreichen chinesischen Video-App. Und der Datenschützer Ulrich Kelber warnte vor „Apps von Anbietern, die ihren Sitz nicht in der EU haben." Es kann nicht ausgeschlossen werden, dass in anderen Ländern „eventuell auch staatliche Stellen zugriff auf die Daten erhalten." Professor Arno Rolf (für Informatiksysteme a. d. Uni Hamburg) schrieb am 17./18. 10 2020 im „Hamburger Abendblatt": „Europas Wertesystem wird bedroht durch die digitalen Offensiven aus China und den USA." Mit der Frage: „Was tun gegen die globalen Datenkraken?"… „Die Internetriesen aus den USA und China sind dabei, … Europas Kultur als Restposten erscheinen zu lassen. Das muss durch Aufbau einer EU-Digitalinfrastruktur verhindert werden. Wünschenswert wäre für die EU eine Erzählung, die sich an einem nachhaltigen Digitalisierungspfad orientiert, mit einer produktiven Balance zwischen demokratischen Ansprüchen, technischem Fortschritt und der Berücksichtigung von Umwelt- und Klimafragen."

Ein weiteres Problem ist das einseitige durch Apps geförderte Parteidenken Ein Beispiel ist der Umgang mit den sich vermehrenden Asylanten und der sich wohl dadurch auch vermehrenden Partei AfD. „Im kleinen Ort Paska im Süden Thüringens erreichte die Partei am rechten Rand bei den Landtagswahlen ihr Rekord-Ergebnis." (29. 10. 2019 HA) Das waren dann 62,7 %. Und der Bürgermeister wurde zitiert mit: „Die Deutschen zahlen alles, die Ausländer bekommen alles." Das war dann wohl rechts! Denn die Logik des Rechnens wird auch in Deutschland beim Rechts- oder Linksdenken kaum noch erlaubt. Wohl deshalb musste Herr Sarrazin aus der SPD raus – und deshalb will auch kaum jemand an das Negative und Schädliche der Mobilfunkstrahlung glauben. Es soll nachfolgend bewiesen werden.

––––––––––––––––

Kapitel 2
Der krank machende Spaß mit Mobilfunk.

Kieler Forscher warnt vor den Folgen der Digitalisierung: „Es geht um sehr, sehr viel, um das Regime des neuen digitalen Zeitalters und damit letztlich auch um die Demokratie"
(Ökonom Dennis Snower, Präsident des Kieler Instituts für Weltwirtschaft am 15. 1. 2019 (HA/dpa).)

„Schüler schlafen zwei Stunden zu wenig" war dazu am 16. 1. 2019 eine Hauptüberschrift im „Hamburger Abendblatt" (dpa). **„Eine Folge ist laut Studie gesteigerter Stress. Schuld am Schlafmangel sind oft Handys."** Nach der DAK-Studie „fühlt sich die Hälfte der älteren Schüler infolge von Schlafmangel tagsüber erschöpft und müde." „Neunt- und Zehntklässler schlafen demnach mehrheitlich erst nach 23 Uhr ein." – Viele weitere Probleme werden noch aufgezählt. Also: Meistens ohne Handy oder Smartphone gesünder leben, und gar nicht ans Ohr halten.

Das Negative des fortwährenden Lebens mit Handy oder Smartphone wird laufend bewiesen. Dazu einige Beispiele:
- „Mediziner warnen vor Handys im Straßenverkehr: Immer mehr tödliche Unfälle. Smartphone Ursache Nr. 1." (HA Herder + Mittelacher 12. 8. 2019.)
- „Wenn das Smartphone zur Sucht wird. Viele Arbeitnehmer haben immer das Handy neben sich liegen. Das stört die Konzentration. Und kann berufliche Konsequenzen haben." (HA Verena Wolf 24./25. 8. 2019.)

14

- „Zu viel Facebook macht unglücklich und radikal. Neue Studie zeigt: Soziale Medien verstärken Verschwörungstheorien und Aggressivität. Moderate Nutzung dagegen erhöht Zufriedenheit. (HA J. M. Wellmann 28. 8. 2019.)
- Der Chef des Hamburger Nachrichtendienstes, Torsten Voß, warnt vor Rechtsextremismus und eine unglaublichen Enthemmung im Netz. (St. Steinleid HA 27. 7. 2020).

Schon 1888 konnte Heinrich Hertz sehr schnelle elektromagnetische Schwingungen entdecken. Sie entstehen durch Entladungsströme, die in elektrischen Schwingungskreisen schnell hin- und herpendeln. Damit haben wir die elektromagnetischen Schwingungen. Die Veränderung der Schwingungsgeschwindigkeit wird nach dem Entdecker weltweit in Hertz gemessen. Der größte Teil dieser Schwingungen entstand durch die nachfolgende technische Entwicklung und Forschung des – im Vergleich zur Evolution - unglaublich kurzen Zeitraums der letzten 100 Jahre. Darum konnten sich die Lebewesen auch weitgehend an die geänderten Strahlungen noch nicht gewöhnen. Doch darüber mehr im Kapitel 6.

Bezüglich der Strahlungsschädlichkeit liegen die Meinungen der Wirtschaft, der Behörden, der Politiker, der Presse sowie der offiziellen Wissenschaft mangels Erfahrung und objektiver Untersuchungen noch weit auseinander. Dieses und die nächsten Kapitel sollen aber unglaublich viele wissenschaftliche Beweise bezüglich der krank machenden Schädlichkeit bringen und am Ende werden dann die Schutzmöglichkeiten gebracht.

Die Leugnung oder Unwissenheit der Strahlungs-Schädlichkeit bringt immer mehr Kranke und Tote, wie in den nachfolgenden Kapiteln Ärzte an Beispielen berichten, und wie es auch der nachfolgende Bericht zeigt: Es ergab die Auswertung der Krankenakten von 99 Radartechnikern der deutschen Bundeswehr, dass 69 von ihnen verschiedene Krebse entwickelt hatten (F. Ilse HA 7. 2. 01), weil sie vermutlich nicht ausreichend auf die Gefahren dieser Strahlung hingewiesen wurden.

Anfang März 2004 (of/HA 6. 3. 04) wurde von einem Prozess vor dem Bonner Landgericht gegen die Bundesrepublik Deutschland berichtet. Der Klägeranwalt Geulen schätzte in dem Bericht die Zahl der Radaropfer auf etwa 1000 und dazu noch einige 100 bei der NVA der früheren DDR.

Schon 1987 brachte die „Funkschau" in Heft 20 einen Bericht mit vielen Quellenangaben über die biologische Wirkung von Mikrowellen. Der Bericht begann mit dem Hinweis, dass menschliche Gehirnzellen mit sich veränderndem Kalzium-Ausstoß reagieren, wenn sie einer elektrischen Feldstärke von nur 1,94 mV/ ausgesetzt werden(von W. Bise 1978). Anfang 1991 bestätigte eine australische Untersuchung (SAD/HA 9. 2. 91), dass elektromagnetische Felder in der Nähe von Hochspannungsleitungen das Krebsrisiko von Kindern verdoppeln würden.

Am 26./27. 1. 2019 schrieb über die Kinder Frau Deutsch in der gleichen Zeitung: **„Wie man richtig lernt und behält."** Und darin stand dann auch: **Wer ausgeschlafen ist, behält 40 Prozent mehr als andere.** Bei den genannten 7 wichtigen Regeln zum Lernen, wie immer wiederholen, lieber täglich 5 Vokabeln als einmal 25 lernen, stand dort etwas sehr wichtiges: **„Entferne dein Handy und ähnliche Geräte während der Lernzeit aus deinem Zimmer."** Das wäre dann auch in der Schule beim Lernen wichtig. - In den Schulen wird heute dagegen meistens das Gegenteil angestrebt. Vor allem durch Corona war die Funktechnik fast die einzige Möglichkeit überhaupt noch etwas Unterricht aufrecht zu erhalten. Im Ausland wurde dies oft schon wieder abgeschafft.

Am 22. 2. 2019 wurde beispielsweise gemeldet (HA/mit/dpa): „Nach monatelangem Streit darf der Bund den Ländern 5 Milliarden Euro für die Digitalisierung der Schulen zahlen." Umgerechnet auf 11 Millionen Schülerinnen und Schüler sollen das rund 500 € pro Schüler sein. „Das Geld soll für die Ausstattung von Schulen mit schnellem Internet, WLan, elektronischen Tafeln (Whiteboards) Online-Lernplattformen, Lehrer-Fortbildung und Schüler-Workshops ausgegeben werden." -

Also: Alle sollen krank und dumm werden, wie aus dem Inhalt des nachfolgenden Schreibens eines Mediziners zu lesen ist: Der Mediziner Dr. Wolf Bergmann aus Freiburg schrieb zu diesem Thema **COMPUTER AN GRUNDSCHULE** am 4. 1. 2019 in „Badische Zeitung" zur Ratssitzung in March vom 28.

12. 2018 unter anderem: „Es wäre schön, wenn wir an der Grundschule ohne Computer auskämen – das brachten eine Lehrerin und Räte laut BZ zum Ausdruck. Aus ärztlicher, neurobiologischer und erziehungswissen- schaftlicher Sicht, wäre dies nicht nur ‚schön', sondern dringend erforderlich. Dafür gibt es wissenschaftlich unbestreitbare Gründe: Die mit der Digitalisierung der Schulen verbundene massive Dauerbestrahlung mit künstlichen gepulsten Mikrowellen (hier vor allem W-Lan) führt zu fortgesetzter Schädigung der natürlichen biologischen Regelkreise. Kinder sind dem besonders ausgeliefert: Zellschädigung durch oxidaktiven Stress, Immunschwäche, Brüche in der Erbsubstanz, Konzentrationsverlust, Verhaltensstörungen, Gedächtnisschwäche, Bahnung aller bekannten und unbekannten Krankheiten sind weltweit immer wieder wissenschaftlich bewiesene Folgen.

Für die gesunde Entwicklung des kindlichen Gehirns in den ersten Lebensjahren ist eine zunehmende Differenzierung der Nervennetze im Kortex lebensnotwendig, wodurch immer feiner werdende Verschaltungen in den Rindenfeldern des Gehirns angelegt werden. Voraussetzung für die Entwicklung von Eigenständigkeit, Denken, Planen und Problemlösungen, für Empathie und soziale und intellektuelle Kompetenz. Wenn Computer in der Grundschulzeit das Lernen prägen, erleiden die reifenden Nervennetze durch Falsch- und Überstimulierung eine Notreife. Mit der Folge, dass alle oben genannten erhofften und für ein reifes und verantwortungsvolles Leben notwendigen Fähigkeiten genau nicht entwickelt werden können. Die dadurch entstehende Leere erzeugt ein unauslöschliches Verlangen nach mehr, verankert im Schaltkreis des sogenannten Belohnungssystems. Hirnphysiologisch eine opiumartige Sucht. Warum stimmen Eltern und Lehrer dann zu?

Lernen geschieht durch Bewegung, Nachahmung, Erfahrung, Üben mit lebendigen Wesen, durch Vorbilder zum ‚Anfassen'. Ich wünsche den Kindern in March – und allen Kindern – Eltern und Lehrern, die sich als Vorbild für die Zukunft der Kinder einsetzen und Zivilcourage zeigen, sich für eine humane Bildung einsetzen – und sich der ‚Digitalen Bildungsoffensive', zu widersetzten, (viel Erfolg)."

Im nächsten Kapitel dieses Buches nenne ich auch ein Fachinstitut, von dem ich über den nachfolgenden Fachartikel in „Der Tagesspiegel" vom Sonntag, dem 13. 1. 2019: **„Strahlendes Versprechen."** – informiert wurde. Der Bericht von Harald Schumann und Elisa Simantke und INVESTIGATE EUROPE beginnt mit: **„Die neue Generation des Mobilfunks soll bis zu 1000-mal mehr Datenvolumen übertragen. Doch hinter den großen Versprechen lauert möglicherweise erhöhte Krebsgefahr. Und die europäischen Regierungen wollen davon nichts wissen."**

Und auf der 1. Seite des Tagesspiegels stand: „**Zweifel an 5G-Mobilfunk. - Der geplante europaweite Ausbau des Mobilfunknetzes der 5. Generation (5G) birgt große ökonomische und technische Risiken**

und stößt in einigen EU-Ländern auf erheblichen Widerstand. Das Journalistenteam Investigate Europe berichtet, dass zudem eine wachsende Zahl wissenschaftlicher Studien darauf hindeute, die für den Mobilfunk genutzte elektromagnetische Hochfrequenz-strahlung könne die Gesundheit schädigen…."

Die Frage **„was macht uns süchtig",** beantworteten am 13./14. 4, im „Hamburger Abendblatt" die Professoren Dr. med. Thomasius und Dr. Tobias Effertz. Da hieß es: „Es gibt viele Schulen an denen gedealt wird, auch die Cannabispräventation ist grottenschlecht. Es droht zudem, dass diese Substanz legalisiert werden könnte." Wegen ihrer Computersucht kommen Jugendliche in stationäre Behandlung. Den Eltern wird geraten 1 Tag offline und um 22 Uhr W-LAN abschalten. Sodann wird ein zunehmendes Suchtproblem auch bei Erwachsenen festgestellt. In Deutschland haben immer mehr Rehabilationskliniken für Menschen mit pathologischem Internetgebrauch eröffnet. Wenn also alle tagsüber auf das Smartphone sehen, kann das schon pathologisch sein. Alle werden unnötig krank. Zusätzlich werden sie durch die Strahlung der immer stärker werdenden Mobilfunktechnologie noch kranker. Am 26. 3. 2019 hieß die Überschrift (HA): „Zwischen 2007 und 2017 hat sich die Zahl der Krankschrei-bungen wegen psychischer Probleme mehr als verdoppelt."

„Süchtig nach Smartphone" beschrieb Susanne Gaschke am 8. 4. 2019 in „DIE WELT" aus Berlin aus dem Vortrag des Professors für molekulare Psychologie Market: „Die ‚sozialen Medien' üben eine extrem starke, neuro-anatomisch nachweisbare Wirkung auf das Belohnungszentrum des menschlichen Gehirns aus. Dieses …heißt *Nucleus accumbens* und ist indirekt auch für unsere Motivation, unseren Ehrgeiz und unseren Antrieb verantwortlich. Bei Menschen, die Facebook und WhatsApp exzessiv nutzen, wird dieses Gehirnteil intensiv stimuliert – und ist gleichzeitig signifikant kleiner als bei Gelegenheits-Smartphonisten. Man weiß noch nicht, ob die Leute Facebook abhängig werden, weil ihr Belohnungszentrum besonders klein ist, oder ob es schrumpft, weil sie andauernd sozialmedial bestrahlt werden. Für ihre Motivation verheißen allerdings beide Varianten nichts Gutes."

Im Mai 2019 wurde aus Augsburg gemeldet: „Vor allem den jüngeren Beschäftigten setzt Digitalstress zu." Wenn der Professor den Probanden für einige Stunden das Gerät wegnahm, reagierten diese ähnlich Alkoholsüchtigen, auch mit einer erhöhten Konzentration des Stresshormons Cortisol. Die Softwarehersteller wissen von dem Suchtportal der ‚Nutzer' und setzen darauf, diese am Gerät zu halten um noch mehr Daten von ihnen abgreifen zu können. Und dann kommt ein wichtiges Ergebnis: „Das ist ethisch absolut fragwürdig. Und angesichts der Tatsache, dass in Deutschland fast 60 Millionen ein Smartphone benutzen, dass Studierende im Schnitt 100 Mal am Tag auf ihr Gerät schauen und es 50 Mal entsperren, dass der Durchschnittsnutzer zweieinhalb Stunden und der Jugendliche viereinhalb Stunden pro Tag (also 2-3 Arbeitstage pro Woche) mit einer Suchtmaschine verbringt, ist das Ganze eine hochpolitische Angelegenheit. Wie erhält man freien Menschen ihre

Freiheit, wenn sie sich freiwillig in Gefangenschaft begeben….Der sogenannte Digitalpakt der Bundesregierung mit den Ländern, der bisher nur eine diffuse, industriefreundliche Fortschrittshuldigung ist, könnte hier eine echte Aufgabe finden."

Professor Dr. D. Manfred Spitzer leitet die psychiatrische Universitätsklinik und das Transferzentrum für Neurowissenschaften und Lernen in Ulm. Er muss es also wissen, die „Digitale Demenz", wie sein Buch heißt – oder sein Buch: „Die Smartphone Epidemie" mit „Gefahren für Gesundheit, Bildung und Gesellschaft". Das Negative und gesundheitsschädliche, die „Gefahren für Gesundheit, Bildung und Gesellschaft", des Mobilfunks sind so umfangreich, dass ich dies in den folgenden Kapiteln beschreiben und zitieren will. Ärzte und andere Fachleute warnen darin auch die Verantwortlichen und den Bundestag eindringlich vor dem weiteren Ausbau mit G5, dabei wird auch vor der Verminderung der Demokratie gewarnt. Dies ist aber vielleicht gewollt – oder: „Nur noch Kopfschütteln über DIE DA IN BERLIN" schrieb der Chefkolumnist der Berliner BZ am 15. 4. 2019 in der Zeitung „BILD DEUTSCHLAND".

Am 17. 4. 209 fragte dazu der Kolumnist Hajo Schumacher im „Hamburger Abendblatt": **„Stirbt die Demokratie digital?"** – „Die schöne neue Welt kann in China besichtigt werden: Dort wird das ganze Leben zum Punktesammelspiel per Smartphone." Er schrieb, dass digitale Kommunikation Gräben eher zu vertiefen scheint und Emotionen über Fakten siegen. „Hat der digitale Fortschritt gar die Kraft, unser demokratisches

System auszuhebeln, und zwar nicht, weil eine böse Macht unseren mühsam eingeübten Parlamentarismus unterwandert, sondern weil wir uns eines Tages womöglich freiwillig dafür entscheiden." – Soweit die Tatsachen.

Und am 24. 4. 2019 fragte der Kolumnist Hajo Schumacher in der gleichen Zeitung: „Macht das Internet klüger? Glücklicher, Attraktiver? Eher nicht, sagt einer, der es wissen muss". Und das war dann Professor Gigerenzer. Positiv sei nur: „In den USA sei die Zahl minderjähriger Mütter deutlich zurück gegangen." Digitales Treffen macht eben nicht schwang er. Schlafmangel, düstere Gedanken und schlecht launig vermehren sich in der Jugend. Nur Negatives wird vom „Kick mit dem Klick" berichtet.

Doch vor dem nächsten Kapitel noch die Gesundheitswarnung eines Medizin-Professors: Prof. Karl Hechts Broschüre**: „Gesundheitsschädigende Effekte der Strahlung von Smartphone, Radar, 5G und WLAN"** ist die eindringliche Warnung eines Arztes vor den Todsünden der digitalisierten Menschheit. Auf 82 äußerst lesenswerten Seiten wird jedem Leser unmissverständlich aufgezeigt, welche Gefahren wir mit der kritiklosen Anwendung der mobilen Kommunikation eingehen! Die Broschüre von Prof. Hecht ist herunter zu-laden: net/KIT/KIT/gesundheitsschädigende-effekte-der-strahlenbelastung/. Jeder hat also die Informationsmöglichkeit. Wenn sich die Regierenden und die Bevölkerung (bei den Wahlen) nicht um den Einhalt der Mikrowellenvermehrung bemühen, sind sie Schuld am

Untergang des Lebens, denn auch dies ist „eine Frage von Leben und Tod". Stattdessen sagte der EU-Kommissar Günther Oettinger: Der Mobilfunkstandart 5G soll bis 2024 in Europa ausgebaut werden.

Professor Dr. Thiele nennt dazu seine 5 € Broschüre: „Die digitale Fortschrittsfalle – Warum der Gigabit-Gesellschaft mit 5G-Mobilfunk freiheitliche und gesundheitliche Rückschritte drohen." – „Er warnt (darin) nachvollziehbar vor der sich auftuenden Fortschrittsfalle und appelliert an die Politik unserer Tage, den eingeschlagenen Digitalisierungskurs zu korrigieren, solange dazu noch Zeit bleibt." Nur bleibt die Zeit nicht mehr. Zusätzlich wird der erhebliche Strom-Mehrverbrauch ignoriert.

Zum wichtigsten Spaß gehören meistens auch das Essen und zuvor das Kochen, bei dem die Mikrowelle oft als praktischer Helfer angesehen wird. René Gräber schrieb dazu in „Natürlich gesund" im Februar 2021 (FID-Verlag): „Mikrowellen-Kost gefährdet ihre Gesundheit". Die Schweizer Biochemiker Drs. Hertel und Blane hatten zur Mikrowelle eine Studie durchgeführt, die zeigte, dass die damit erhitzten Nahrungsmittel einen sehr negativen Einfluss auf das Immunsystem haben, wie besonders im Blut nachgewiesen wurde. Sie zerstören wertvolle Inhaltsstoffe der Nahrung. Zusätzlich gefährden die Geräte durch Strahlung, deshalb mindestens ½ m Abstand halten. Auch, wenn die Geräte die Grenzwerte des Bundesamtes für Strahlenschutz einhalten.

In den folgenden Kapiteln wird von den zusammen fast unglaublichen Schädigungen durch die Strahlung von Sendemasten, W-LAN und anderen Strahlungsgebern – wie zukünftig auch besonders 5G – berichtet. Allerdings soll sich, laut dem Bundesamt für Strahlenschutz (bfs), bei 5G die Reichweite verringern und die Strahlung dann auch. Sie soll nicht mehr so tief in den Körper eindringen. - So war es zumindest geplant.

Freudenstadt sollte lt. der dortigen Bürgerinitiative zum Testfeld für 5 G werden. Hierzu schrieb (gem. Schr. der Bürgerinitiative Mobilfunk v. 29. 4. 2019 a. d. Bürgermeister): „Die Präsidentin des Bundesamtes für Strahlenschutz Dr. Inge Paulini zu 5G: ‚Hier haben wir noch wenige Erkenntnisse und werden mittelfristig weitere Forschung betreiben.'

Weitere Erkenntnisse: Aber im März 2021 kam bereits die Meldung: „Die Telekom hat gewünschtes Zwischenziel für Deutschland erreicht: 80 Prozent der Bevölkerung sind heute mit 5G versorgt und mehr als 50.000 5G-Antennen sind in Betrieb.

Bis 2024 will die Telekom außerdem in über 699 Kommunen FTTH ausbauen. Damit sollen den Kunden Mobilfunkgeschwindigkeiten von bis zu 300 Mbit/sec. angeboten werden. „Der Wunsch nach mehr Bandbreite bei Smartphone-Nutzern ist weiterhin stark. Diesem Wunsch kommen wir nach und bauen unser Mobilfunknetz weiter mit voller Kraft aus – in ländlichen Regionen wie in Ballungsräumen, sowohl LTE als auch 5G", wird der Technikchef der Telekom zitiert. Die Telekom soll als einziger Anbieter bereits 98,7 % der Bevölkerung Deutschlands mit LTE versorgen.

Aber zusätzlich soll der Glasfaser-Ausbau hochgefahren werden. Diese in der Erde liegenden Kabel geben dann keine der in den folgenden Kapiteln beschriebenen vielleicht schädlichen Strahlung ab. Aktuell hatte das Glasfasernetz Anfang 2021 bereits eine Länge von 600.000 Kilometern und sollte dann bis 2030 so ausgebaut werden, dass jeder Haushalt einen eigenen Glasfaseranschluss (Fiber to the Home = FTTH) erhalten kann. - Also alles sehr gesund und dann unterhalb der **baubiologischen Richtwerte.** Die sind dann im Kapitel 7 beschrieben.

Und **Berlin soll die Glasfaser-Hauptstadt Deutschlands werden.** Dort sollen bis 2025 600.000 Haushalte mit Glasfaser versorgt werden. Diese Anschlüsse bieten den Nutzern Geschwindigkeiten bis zu einem Gigabit pro Sekunde. Und diese Netze strahlen nicht, sind also gesund. In der Wohnung sollte dann auch Telefon, Computer und Fernsehen, kurz alles, über Kabel erreicht werden. Selbst Kabel strahlen aber noch. In der Wohnung ca. 30 cm. Besonders weit und schädlich aber von Hochspannungsleitungen, wie es im Kapitel 7 beschrieben wird.

Nur wozu braucht man dann 5G und W-Lan? Damit alle ihr Smartphone und Handy durchgehend benutzen können – In der Bahn, im Bus und Auto und in der Natur, die man dann kaum noch sieht, die auch durch sterbende Bienen und Vögel geringer wird. Und damit man bei W-Lan seine Geräte nicht anzuschließen braucht. Damit man verbotenerweise auch bei der Autofahrt und überall telefonieren kann – und damit man überall den krank machenden Spaß mit Mobilfunk haben kann.

Beispielsweise soll jetzt überall W-LAN an Schulen eingerichtet werden. In Haifa (Israel) wurde dies wegen der Gesundheitsgefährdung an den Schulen wieder abgeschafft. Informationen und die Forschung über die Schädlichkeit elektromagnetischer Strahlung liefert beispielsweise die Dr. Moldan Umweltanalytik aus Iphofen: www.dmoldan.de. Und zusätzlich gibt es die „Kompetenzinitiative zum Schutz von Mensch, Umwelt und Demokratie e.V.", sowie weitere Verbände, die gegen eine Erhöhung der Mobilfunkstrahlung kämpfen. Vom 4. – 6. 10. 2019 erfolgt(e) durch sie eine internationale Tagung in Mainz - genannt: „Biologische Wirkungen des Mobilfunks". 12 Professoren berichteten dort, und viele Ärzte arbeiteten daran mit, um die Gesundheit der Bevölkerung und der Natur noch zu erhalten. Im Kapitel 15 wird hierzu mehr berichtet. Im Oktober 2019 stellten Wissenschaftler eine unglaubliche Verminderung der Insekten und Vögel fest.

In den folgenden Kapiteln berichten Ärzte und Forscher auch über die Schädlichkeit von beispielsweise 5G, der neuen Mobilfunkgeneration und die biologischen Wirkungen des Mobilfunks überhaupt. Vom horrenden Stromverbrauch wird auch berichtet. Der Ausbau des Mobilfunks kann wegen seines enormen Stromverbrauchs allein einen Umwelt- und Lebenserhalt verhindern.

———————————

Kapitel 3

„Biologische Wirkungen des Mobilfunks."

Negatives zu erfahren ist dann positiv, wenn man dadurch dieses Negative für sich und andere verhindern oder in Positives verändern kann.
(Roman Reinke)

Weil mir ein Parteivorsitzender schrieb, dass die Schädlichkeit von Mobilfunkstrahlung noch nicht nachgewiesen sei, möchte ich zu Beginn dieses Kapitels einen Beweis nennen, den ich ihm auch nannte: Vom 5. – 6. Oktober 2019 fand im „Kurfürstlichen Schloss Mainz" ein Internationales „Öffentliches Symposium" statt: „Biologische Wirkungen des Mobilfunks." Mit der Überschrift: „Fortschritt oder fortschreitende Verantwortungslosigkeit?" Dort sprachen 12 Professoren und einige Ärzte über die damit wissenschaftlich bewiesene häufige Schädlichkeit des Mobilfunks.

Ein Beispiel: „Hochfrequente Strahlung steht mit einem erhöhten Krebsrisiko und einigen neurodegenerativen Erkrankungen in Zusammenhang – diese Risiken werden von der ICNIRP so wie nationalen und internationalen Behörden jedoch verharmlost." 13.45-14.15 Uhr am 5. 10. 2019 von Prof. Dr. med. Lennart Hardell. Oder zuvor 11.10-11.50 Uhr von Prof. Dr. Gertraud Teuchert-Noodt: „Verbaut die digitale Revolution uns und unseren Kindern die Zukunft? Erkenntnisse aus der Hirnforschung der letzten 40 Jahre."

Oder am 6. 10. 2019: „Die Aushebelung von Grund- und Schutzrechten." Vom Richter a.D. Budzinski.

Besonders der geplante 5G-Mobilfunk würde nach nachfolgender Zusammenfassung die Bürger und die Umwelt krank machen. – Schädlich ist nach Inhalt der später beschriebenen Ärztewarnung auch eine Digitaloffensive an Schulen. Dies alles ist aber gemäß Umweltverträglichkeitsgesetz angeblich gesetzlich unzulässig. In einem späteren Kapitel sollen dazu auch kurz juristische Möglichkeiten des Widerstandes aufgezeigt werden. Und zusätzlich beschreibt Dr. Moldan die durch Krankheiten

Viele umfassende Informationen zu diesem Thema erhielt ich zum Teil von der Dr. Moldan Umwelt-analytik aus Iphofen in Süddeutschland. www.drmoldan.de – Er beschrieb z. B. auf seiner Website:

„Die Ursachen für mangelnde Konzentration, reduziertes Leistungsvermögen oder häufige Krankheitstage sind immer wieder in den nicht sichtbaren Belastungen durch elektromagnetische Felder zu finden.

Typische Quellen sind: elektrische Wechselfelder an Schreibtischen mit Metallgestellen und Stromleitungen, dauernd sendende Schnurlostelefone und W-LAN-Router, magnetische Wechselfelder durch Trafostationen und Stromversorgungsleitungen. - Wussten Sie schon, dass Arbeitsplatzuntersuchungen preiswerter sind als der Krankheitstag eines Mitarbeiters?

Meine Philosophie lautet: Nicht zurück in die Steinzeit, sondern ein bewusster Umgang mit der Technologie!

Ich bin Sachkundiger zur Bewertung elektromagnetischer Felder an Arbeitsplätzen nach DGUV Vorschrift 15 (bisher BGV B11 oder BGR)." -

Doch jetzt gibt es die EMFV, die Verordnung zum Schutz der Beschäftigten vor Gefährdungen durch elektromagnetische Felder.

Soweit die Praxis von Dr. Moldan, der auch teilweise die später genannten Baubiologen ausbildet. Im Kapitel 8 noch mehr zum Schutz am Arbeitsplatz.

Doch nun will ich zum Thema mit dem „Leben und Siechen im globalen Mikrowellenofen" aus einer Rede von Peter Hensinger vom 15. 10 2018 mit einer Zusammenfassung aller angeblichen Mängel von 5G zitierend beginnen (s. a.: www.oekologiepolitik.de).

Es beginnt mit 5G: „Die 5. Generation des Mobilfunks. Das große Versprechen: endlich unvorstellbare Datenmengen in Sekundenbruchteile jederzeit und überall verfügbar. Alles ist mit allem vernetzt: Smartphone, Garagentor, Heizung, Kühlschrank, Auto, Kinder- und Schlafzimmer, Über-wachungskameras, Wasserzähler Polizeistation, Werbeagentur, Ämter….Das Internet der unbegrenzten Möglichkeiten. Digitalisierung als Lösung aller Probleme.

5G: Was es dazu braucht: Hunderttausende neuer Funkmasten, Milliarden neuer funkender Endgeräte, Tausende neue Satelliten, extrem hohe Sendeleistung, Strahlenintensität aller Masten und Endgeräte, gepulste Mikrowellen.

Und was es u. a. bedeutet:

- **Vollständige Durchstrahlung der gesamten Atmosphäre und des gesamten Lebensraumes innen und außen mit extrem lebensfeindlicher gepulster technischer Mikrowellenstrahlung hoher Intensität. Verlust an Lebensenergie und Siechtum für alles Leben auf dem Planeten.** (Menschen, Tiere, Insekten, Bäume....) Es gibt kein Entrinnen. *(Siehe auch Internationaler Wissenschaftlicher- und Ärzte-Appell: ,Stopp von 5G auf der Erde und im Weltraum. An die Vereinten Nationen, die Weltgesundheitsorganisation, die Europäische Union, den Europarat und die Regierungen aller Nationen.'* https://www.5gspaceappeal.org/)

- **Rasante Beschleunigung der Erderwärmung und Klimaveränderung durch großen Hitze- und CO_2-Ausstoß der Superrechner** (Schon heute in Polarnähe aufgestellt wegen der Wärmeentwicklung mit katastrophalen Klimafolgen.) Klimaveränderung durch Veränderung der elektrischen Ladung der Atmosphäre. Auch die Vizepräsidentin der EU-Kommission „Vestager erwartet hohen Energieverbrauch durch die Digitalisierung." (HA 16. 12. 2019)

- **Sprunghafter Anstieg des Energieverbrauchs. Schluckt alle Einsparbemühungen. Schon heute übersteigt der Energieverbrauch der Mobilfunktechnologie die gesamte regenerativ erzeugte Energie.**

- Vollständige Erfassung von persönlichkeitsbezogenen Merkmalen.

Erstellung von Bewegungsprofilen, Erfassen der Konsumgewohnheiten, Interessen, politischen und sonstigen Betätigungen. Big Data für die Konzerne, Polizei und Geheimdienste.

- Vollständige Überwachung und Manipulierbarkeit keit."

Und am 9. 12. 2018 kommen von Dr. med. Wolf Bergmann noch folgende Wahrheiten:

- Mit der weiteren Digitalisierung: Verstärkung von Verbindungsverlust, Kompetenzverlust sozial, emotional und intellektuell. Sucht und Abhängigkeit für alle Altersgruppen.
- Besonders dramatisch: die Digitalisierung des Bildungswesens von Kindergärten und Schulen. Wissenschaftlich immer wieder erwiesen und uralte Lebenserfahrung. Kinder brauchen für eine gesunde Entwicklung Kontakt, Bewegung, Spielräume.
- Die frühe „Erziehung" mit digitalen Medien führt zu Notreife des Gehirns, sinkenden IQ, Verlust von Mitgefühl und sozialer und intellektueller Kompetenz. *(Siehe Prof. Teuchert-Noodf Neurobiologe, Hirnforschung. Die Digitalisierung verbaut unseren Kindern die Zukunft.)* www.aufwach-s-en.de .
- Ressourcenverbrauch von Unmengen von „seltenen Erden" (Koltan u. a.). Noch mehr Kriege, noch mehr Umweltzerstörung, noch mehr Anhäufung von giftigem Schrott.

Und dann hieß es: Die langfristige Schädigung des Lebens durch die künstliche Mikrowellenstrahlung unterscheidet sich nicht von der Wirkung künstlicher radioaktiver Strahlung.

Wir müssen uns entscheiden – Aufstehen für eine zukunftsfähige Welt. Zum Zukunfts- + Gesundheitserhalt: „Stopp 5 G"

Überall sollen dann 5G-Antennen errichtet werden. Aber bereits heute sind so viele Strahlungen vorhanden. Mit den Ergebnissen:

- **Je näher am Mast, umso mehr Neurologische Erkrankungen, Leukämie, Krebs. –** Internationaler Appell „Stopp 5G…"

- **Insektensterben:** In den letzten 30 Jahren sind 75-80 % der Insekten verschwunden. Insekten reagieren besonders empfindlich auf Änderungen des elektromagnetischen Feldes. Ulrich Warke: „Bienen, Vögel, Menschen – Die Zerstörung der Natur durch Elektrosmog. Heft 1. der „Kompetenzinitiative zum Schutz von Mensch, Umwelt und Demokratie." (www.kompetenzinitiative.net). Dazu hieß es am 14. 3. 2019 (HA/dpa):

- **„Drei Viertel der Deutschen beobachten Insektenrückgang."** „79 % der Bevölkerung fordern verbindliche Regelungen zum Schutz der Insekten. Knapp drei Viertel (72 %) geben an, dass sie in ihrer Region einen Rückgang der Tiere beobachteten. Das ergab eine Umfrage im

Auftrag des BUND. Der forderte schnelle Fortschritte beim Insektenschutz.

- **WLAN-Studienrecherche 2018-1**: Isabel Wilke: „Biologische und pathologische Wirkungen der Strahlung von 2,45 GHz auf Zellen, Fruchtbarkeit, Gehirn und Verhalten." In „Umwelt-Medizingesellschaft" Heft 1/2018.

- **SmartCity**: Überwachung, Klimakiller, Elektrosmog. „kompakt" Nr. 03/2018 www.diagnose-funk.org .

- **Ärzte fordern WLAN-Verbot in Kindertagesstätten und Schulen.** „kompakt" 01/2018.

- **Smartphones & Tablets schädigen Hoden, Spermien und Embryos.** „Brennpunkt Februar 2016 www.diagnose-funk.org .

- **Baumschäden durch Mobilfunkstrahlung erkennen.** „kompakt" 04/2017 (In meinem E-Book „Mobilfunk und W-Lan habe ich das dargestellt und fotografiert.)

Überall wird gegen 5G opponiert. Doch kümmert dies vielleicht viele überhaupt nicht.

Einige Links zu Widerständen gegen 5G:

- **Internationaler Appell: Stop von 5G auf der Erde und im Weltraum:** www.raum-und-zeit-com/r-z-online/top-aktuell.html .

- **Die neue Technik**: extreme Strahlenbelastung direkt in Menschennähe ohne Entrinnen: Schweizer-Fernsehen: https://www.youtube.com/watch?v=o13-1Us-Scl

- **Britischer Geheimdienstexperte:** 5G wird die Menschheit (Menschlichkeit, Humanität) verwüsten. But Those Behind it Are Above The Law! - https://www.youtube.com/watch?v=MnArQm2Bxo4

- **Totalkontrolle + Überwachung bereits heute:** Indien und China.

- **Die Digitalisierung verbaut unseren Kindern die Zukunft.** Prof. Teuchert-Noodt. http://www.aufwach-s-en.de/wp-content/uploads

Mit der ungeheuren Propagandawelle zu 5G und zur heilsbringenden Digitalisierung wächst auch die Wachheit für die Gefahren.

Ein Beispiel: Nach unermüdlicher Aufklärungsarbeit 2er Frauen in Michelbach an der Bilz hat der Gemeinderat es abgelehnt, der Telekom für einen neuen Mast Gelände zur Verfügung zu stellen. In der Beschlussvorlage des Bürgermeisters war die gesundheitliche Gefährdung ausschlaggebend für die Ablehnungsempfehlung. Zugleich wurden alle Bürger aufgefordert, der Telekom kein Privatgrundstück zur Verfügung zu stellen.

Weitere Nachrichten dazu bei <www.diagnose-funk.de> im aktuellen Newsblog. Daraus z.B. eine Nachricht als Beispiel: In Pfullendorf ist ein

Mobilfunkmast nicht erwünscht: "Eine klare Absage hat der Gemeinderat in seiner Sitzung am Dienstag dem Aufbau von Mobilfunkstationen durch die Deutsche Telekom erteilt

Der zu Beginn der Einführung von mir zitierte Dr. med. Bergmann schrieb: „Am Samstag, d. 26.1. (2019) hat der Südwestrundfunk (SWR 4) ein Interview mit mir zu 5G ausgestrahlt. Ich finde es selbst sehr gelungen."

Und weiter schrieb er:
„Auf dem 3tägigen Landesärztekongress Stuttgart in der vorigen Woche mit sehr großer Ausstellung hat Diagnose-Funk einen attraktiven Stand gehabt. Viele gute Gespräche haben gezeigt, dass zumindest unterschwellig ein großes Unbehagen besteht gegenüber 5G und den damit verbundenen Eingriffen in das gesamte Leben und viele dankbar waren für Aufklärung und weitere Aktivitäten. Die beste Nachricht für mich wäre, wenn sich alle Kräfte auf ein gemeinsames Vorgehen für die Durchsetzung "Stopp 5G" zusammenschließen würden und für eine groß angelegte konzertierte Aktion dazu alle Kräfte mobilisieren würden. Dazu kann ja schon mal jeder ein großes kreatives Brainstorming beginnen!
Ganz herzliche Grüße" von Dr. med. Wolf Bergmann."

Und nun noch eine weitere Information zum Ausbau von 5G: Der vor der 2021 Wahl amtierende Bundesverkehrsminister Andreas Scheuer (CSU) forderte die Bundesländer und Kommunen dazu auf, auch Ampeln und Laternenmasten als Antennenstandorte freizugeben. *"Die* Mitnutzung vorhandener Infrastruktur wie zum Beispiel Ampeln, Straßenlaternen oder Gebäuden ist für einen schnellen 5G-Ausbau unerlässlich", sagte Scheuer dem Magazin Focus Online.“ Dafür schaffen wir jetzt die Rahmenbedingungen. In einem Papier des Ministeriums, das Focus Online vorliegt, hieß es, herkömmliche Standorte seien im städtischen Raum "weitgehend ausgereizt". Als neuartige Standorte kämen Flachdächer, Dachkanten und Beleuchtungsmasten infrage. Besonders geeignet seien kommunale Hinweisschilder wie U-Bahn-Zugänge und Infotafeln im öffentlichen Nahverkehr.

Zusätzlich empfehlen die Autoren Standorte für Smart Cells. Empfohlen werden "Befestigungen in geringer Höhe an Gebäuden, aber auch innerhalb von Gebäuden." Die Handlungsempfehlung wurde von der AG Digitale Netze erarbeitet, zu der etwa die Deutsche Telekom, die Branchenverbände Bitkom, Buglas (Bundesverband Glasfaseranschluss), Breko (Bundesverband Breitbandkommunikation), VATM (Verband der Anbieter von Telekommunikations- und Mehrwertdiensten), Anga - Verband Deutscher Kabelnetzbetreiber, der VKU (Verband kommunaler Unternehmen), der Deutsche Landkreistag und Deutscher Städtetag gehören. – Das war also 5G

Nicht verschweigen will ich **„STRAHLENDE INFORMATIONEN“ der Wiener Ärztekammer von bereits 2015.** Ich will daraus etwas verkürzt die 10 medizinischen Regeln (Handy = auch Smartphone) übermitteln: So wenig und so kurz wie möglich telefonieren. Unter 16 Jahren möglichst überhaupt nicht. - Abstand halten. Freisprecheinrichtung oder

Headset nutzen - Handys nicht am Körper positionieren, vor allem Schwangere nicht. Männer nicht in der Hosentasche. Bei elektronischen Implantaten wie Herzschrittmacher äußere Rocktasche, Rucksack oder Handtasche. - Nicht in Fahrzeugen telefonieren. Ohne Außenantenne ist die Strahlung im Fahrzeug höher. - Beim fahren nicht SMS oder Handy verwenden: Gefahr und verboten. - Möglichst über Festnetz telefonieren. Internet und alles über Kabel. Schnurlostelefone vermeiden. Öfter offline gehen. - Weniger Apps=weniger Strahlung. - Benutzung an Orten mit schlechtem Empfang (Keller, Aufzug) vermeiden. - Das Handy steigert die Sendeleistung und Strahlung. Lieber dann Headset verwenden. - Beim Kauf auf möglichst geringen SAR-Wert, sowie einen externen Antennenanschluss achten.

Soweit die Warnungen der Wiener Ärzte.

Das deutsche Bundesamt für Strahlenschutz www.bfS.de warnt aber ebenfalls vor Strahlen bei Mobiltelefonen. Als Vorsorge werden auch die Spezifischen Absorptionsraten (SAR) von Handys angegeben. Vor allem in der Medizin und in Berufen wird vor Strahlung gewarnt. Dazu gab es noch ein Strahlenschutzregister.

Und nun wieder zu 5G: Ideen mit viel Strahlung zur Verwirklichung von 5G werden nachfolgend kurz beschrieben: Der Hersteller von Outdoor-Gehäusen Berthold Sichert will 5G-Antennen in Festnetz-Multifunktionsgehäuse aus Polycarbonat integrieren, die Funkstrahlung nicht abschirmen. Das berichtet die Wirtschaftswoche unter Berufung auf die

Unternehmensführung. *"Wir bringen 5G auf die Straße"*, sagte Geschäftsführer Julian Graf von Hardenberg der Wirtschaftswoche.

Die Verwendung der Multifunktionsschränke als Kleinzellenstandort ist keine neue Idee. Hier lassen sich die Kleinzellen aller Frequenzen verbauen, üblicherweise ab 1.800 MHz, 2.100 MHz, 2.600 MHz und 3.x GHz bis zum C-Band. „Dreieinhalb Jahre haben wir daran gebastelt, jetzt ist die Serienproduktion angelaufen. Wir haben erfolgreiche Testläufe mit Ericsson gemacht", sagte von Hardenberg Golem.de. Grundsätzlich könnten Antennen von jedem Ausrüster eingesetzt werden, man sei hier neutral.

"Mit unseren Netzbetreiber-Partnern denken wir Infrastruktur neu und unsere traditionellen Stadtmöbel bieten heute Lösungen für die Smart City, wie W-LAN und 5G-Hotspots", erläutert von Hardenberg in einer Selbstdarstellung beim VATM (Verband für Telekommunikation und Mehrwertdienste).

Genug Gehäuse sind vorhanden: Die Vetoring-Ausbaupläne der Deutschen Telekom sehen vor, dass die Zahl der Multifunktionsgehäuse bis zum Jahr 2020 auf 200.000 steigt.

"Multifunktionsschränke sind eine gute Ergänzung im Rahmen unseres Mobilfunkausbaus", erklärte die Telekom der Wirtschaftswoche. *"Sie ersetzen aber keine anderen Varianten wie zum Beispiel den kontinuierlichen Ausbau der großen Sende-Standorte."*

Die Bochumer Telekommunikation Mittleres Ruhrgebiet (TMR) baut kommunales Glasfasernetz für bislang unterversorgte Stadtgebiete auf. Hier kommen Verteilerschränke von Sichert zum Einsatz. Die ersten 100 Standorte seien so ausgewählt, dass sie sich auch für 5G-Antennen eignen. *"Sie bieten genug Platz, um die Antennen mehrerer Mobilfunkbetreiber einbauen zu können"*, sagte ein TMR-Sprecher der Wirtschaftswoche. Das Unternehmen gehört den Stadtwerken und Sparkassen.

Quellen: https://www.golem.de/news/berthold-sichert-5g-fuer-die-telekom-aus-dem-berliner-multifunktionsgehaeuse-1901-138907.html?utm_source=nl.2019-01-23.html&utm_medium=e-mail&utm_campaign=golem.de-newsletter

Da China bereits führend bei 5G zwecks Überwachung aller ist, wollen China-Firmen auch in Europa mit die ersten sein: Nachfolgend dazu meine Info von Claus Scheingräber: Gesendet: Samstag, 26. Januar 2019 - 14:38:

„Die Zukunft mit 5G: Der chinesische Weltmarktführer Huawei für Mobilfunk prognostiziert folgende technische Möglichkeiten für 5G. Die jüngsten Äußerungen des CEO Ken Hu vom 21.11.2018: Stuttgart soll zur Modellregion für den 5G-Ausbau, der fünften Generation des Mobilfunks, werden. Das hat zur Konsequenz, dass in der Großregion Stuttgart tausende neue Sendeanlagen gebaut werden sollen, in ganz Deutschland nach Schätzungen des IT-Portals Golem 600.000 neue Mobilfunkstandorte   -

(https://www.golem.de/news/huawei-wie-5g-aufbau-mit-weniger-neuen-antennen-funktionieren-soll-1811-137840.html).

Der Aufbau der 5G-Infrastruktur für die SmartCity, das Internet der Dinge und das autonome Fahren geschieht ohne Technikfolgenabschätzung und ohne Berücksichtigung der Studienlage zu den Risiken der Strahlung von 5G für Mensch, Tiere und die Natur. Deshalb hatte sich die Bürgerinitiative Stuttgart West an den Oberbürgermeister Fritz Kuhn und die StadträtInnen mit einem Offenen Brief gewandt mit der Aufforderung, vor einer Entscheidung unsere Fragen zu den Risiken von 5G, sowohl über den Energieverbrauch, das Überwachungspotential und die Elektrosmog-Verseuchung zu beantworten. Solche Anfragen, mit denen die Gemeinderätinnen und Gemeinderäte auch gleichzeitig über die Problematik informiert werden, sollten in jeder Kommune gestellt werden. Der Brief steht auch auf der Homepage von: http://mobilfunkstuttgart.de/fragen-an-ob-kuhn-zum-ausbau-von-5g-mobilfunk-in-der-region-stuttgart/
5G ist gebrauchsfertig und wird tiefgreifende Veränderungen verursachen. Aber es gibt noch Hemmnisse, gegen die Regierungen etwas tun müssen, meint Huawei CEO. Ken Hu prognostiziert 5 grundlegende Änderungen, die 5G bringen wird.

Aber stimmen die Verheißungen überhaupt? Und welche Risiken sind damit verbunden? Diesen Fragen ist das Journalisten-Team Investigate Europe nachgegangen und auf erstaunliche Widersprüche gestoßen. Nicht nur ist völlig unklar, ob sich die geplanten Milliarden-Investitionen jemals rentieren werden. Zudem birgt das Vorhaben ein enormes Risiko, das die Verantwortlichen totschweigen, während es immer drängender wird: Eine wachsende Zahl von Studien deutet darauf hin, dass die für den Mobilfunk genutzte elektromagnetische Hochfrequenzstrahlung die menschliche Gesundheit schädigen kann, indem sie etwa Krebs erzeugt oder den männlichen Samen schädigt. Die zuständigen Institutionen von der Weltgesundheitsorganisation über die EU-Kommission bis zum deutschen Bundesamt für Strahlenschutz überlassen es jedoch einem kleinen Kreis von Insidern, die Grenzwerte zum Schutz der Bevölkerung festzulegen. Doch dessen Mitglieder blenden viele unbequeme neue Erkenntnisse aus.

Für den flächendeckenden Ausbau braucht es zigtausende Sendeanlagen. 5G würde den „Elektrosmog", wie ihn Kritiker nennen, noch erheblich verstärken. Weil die neue Technik mit sehr hohen Frequenzen operiert, ist deren Reichweite deutlich geringer als bei den bisherigen Antennen. Für die Füllung der **oft beklagten Funklöcher** taugt sie nicht. Aber sie vervielfacht die Zahl der nötigen Funkzellen. Darum errichtet etwa die Telekom allein im fünf Kilometer langen **Teststreifen in Berlin-Schöneberg** derzeit gleich 71 neue Sendemasten. Kommt es zum flächendeckenden Ausbau, wird das zigtausende zusätzliche Sendeanlagen erfordern.

Mit „der Implementierung von 5G drohen ernste, irreversible Konsequenzen für den Menschen", warnen mehr als 400 Mediziner und Naturwissenschaftler in einem jüngst veröffentlichten Appell für einen

Ausbaustopp der 5G-Technik, darunter auch der langjährige deutsche Umweltpolitiker und Biologe Ernst-Ulrich von Weizsäcker. „Wir wissen nicht sicher, ob die mobile Datenübertragungstechnik gesundheitliche Risiken mit sich bringt, aber wir können es auch noch nicht ausschließen", erklärt er. Daher müsse die Politik „darauf bestehen, dass die Gesundheitsrisiken, die mit der allgegenwärtigen Hochfrequenzstrahlung für mobile Geräte verbunden sind, untersucht werden, bevor wir die gesamte Bevölkerung immer höheren Werten der elektromagnetischen Felder aus dieser Technologie aussetzen". –

In den USA gibt es die dort registrierte „Bioinitiative". Auch deren 29 Professoren und medizinische Forscher aus elf Ländern repräsentieren alle benötigten Disziplinen wie die Krebsforschung, Molekularbiologie und Epidemiologie, und sie veröffentlichten einen Gegenbericht zur einer gegenteiligen ICNIRP-Position: „Die biologischen Effekte der Mobilfunkstrahlung verhindern, dass der Körper geschädigte DNA heilt und führen zu einer geringeren Widerstandsfähigkeit gegen Krankheiten", schreiben die Autoren unter Berufung auf mehr als 1000 wissenschaftliche Veröffentlichungen. Das könne die Stoffwechsel- und Fortpflanzungs-Funktionen tiefgreifend beeinträchtigen. Nach Meinung des schwedischen Onkologen Lenart Hardell, einem der Leitautoren, haben Studien mit mehreren tausend befragten Handynutzern zudem „bewiesen, dass die elektromagnetische Hochfrequenzstrahlung das Risiko für Hirntumore erhöht." Also: Heißluftballons oder undurchdachte Schnellschüsse von den Regierenden. Und fast alle Tiere und Menschen werden krank.

Trotzdem ruft vielleicht noch die Mehrheit: „Digital, 5G" gleich Strahlung überall.

In DER TAGESSPIEGEL vom 13. 1. 2019 wurden unter dem Bericht: „Strahlendes Versprechen" Frequenzen von Strahlungen aufgeführt, zu denen ich noch einige hinzufüge. Die Frequenzen werden in Hertz (dem Erfinder) gemessen: 1 Hz = 1 Schwingung/Sekunde. **Zuerst Niederfrequenz** in Hertz (Hz): UV-Licht (von der Sonne) 3 Petaherz. - Sichtbares Lampenlicht 425 – 750 Teraherz. - Hochspannungsleitung +Netzspannung 50 Hertz (Hz). - Energiesparlampen 50 Hertz bis 1 Megahertz. - Laptops 2 Megahertz (MHz) - **Dann Hochfrequenz**: Mobilfunk 20– 60 Megahertz - 5 G Mobilfunk 100 Megahertz - UKW-Radio 88 – 108 Megahertz. - TV-Sender 54 – 700 Megahertz - Mobiltelefone 800 Megahertz –2600 MHz(2,6 GHz) - W-Lan, Mikrowelle 2 Gigahertz (GHz) -Internet (WIFI) 2,4 und 5 Gigahertz - 5G – Smart-Technologie 3,4 – 3,8 und 22 – 25 Gigahertz - W-Lan 5 Gigahertz - Radar 1 – 100 Gigahertz - Röntgenstrahlung 300 Petahertz (ionisierend –radioaktiv) - Radioaktive Strahlung 30 Exahertz (ionisierend – radioaktiv).

Unter den verschiedenen Frequenzen wird dann in Feldstärke gestrahlt. Z. B. in $\mu V/m^2$. Ich habe mich daraufhin auf den Weg gemacht. Draußen waren es 0-5$\mu V/m^2$, nahe dem Sendemast 45 $\mu V/m^2$, im Bus 5$\mu V/m^2$, im U-Bahnhof 6 $\mu V/m^2$, in der U-Bahn 8-300 $\mu V/m^2$ und in der Innenstadt 6-200 $\mu V/m^2$. Also große Schwankungen. In den öffentlichen Verkehrsmitteln sendeten dann 5 bis 20 strahlungsverstärkend mit ihrem Handy.

Im Kapitel 7 beschreibe ich die Messungen – und auch, dass die Umweltorganisation BUND bereits 2008 bezüglich der Schädlichkeit einen Grenzwert von 1 $\mu W/m^2$ für Innen und Außen vorschlug. Also nicht höher. Aber er ist leider meistens höher, damit alle kranker werden. Beispielsweise starb der Sohn des US-Präsidenten Biden bereits mit 45 Jahren an einem Hirntumor. Damals hielt, besonders in den USA, fast jeder sein Handy an das Ohr. Ein problemloser Handyempfang ist auch noch mit 0,01 $\mu W/m^2$ möglich. Und heute sagt sogar das zuständige Ministerium, dass das Handy nicht ans Ohr gehalten werden soll.

Soweit, doch wieder nicht so gut, denn wenn dann der Mobilfunk-Normal neben dem 5G-Mobilfunk, neben dem TV-Sender, neben der Hochspannung, neben dem Funk, neben Radio und TV, neben Radar, neben 2G, neben 3G, neben W-Lan, neben dem Smart-Meter zusammen kommen, dann sind dies auf Dauer so viel wie die ionisierende Röntgenstrahlung, um viele krank zu machen, schon die Kinder in den Schulen sollen dies werden – und auf dem Kreuzfahrtschiff sollte man sich nicht neben dem Radar aufhalten. Also: Spaß ist oft ungesund, wie schon der Beginn dieses Kapitels und das Vorkapitel aufzeigten. Selbst die heute schon übliche Dauerbenutzung des Smartphone „hat Folgen fürs Gehirn, sagen Experten". So stand es zumindest in der Zeitungsüberschrift (HA) vom 24. 7. 2019. Das Gehirn wird überlastet

Beispielsweise brachte das Aktionsbündnis Freiburg 5G-frei am 13. 11. 2019: „Ausbaustopp von 5G ist jetzt lebenswichtig!" - Dazu eine Technikfolgen-Abschätzung zu 5G: „Starker Anstieg von Energie- und Ressourcenverbrauch und dadurch Beschleunigung des Klimawandels - starke Konsum-Stimulierung. – Ausweitung von Kontrolle und Überwachung durch lückenlose Datenerfassung – psychosoziale Auswirkungen." Am 22./23 Februar 2020 richtet sich auch die Bürgerbewegung „Attention 5G" mit einem Strategietreffen im Tagungszentrum Kassel „Haus der Kirche" wieder an die Bevölkerung. „Attention 5G European Citizens Initiative" (siehe auch www.attention-5G.eu).

Schon am 30. 9. 2018 schrieb das „ZENTRUM FÜR PUBLIC HEALTH MEDIZINISCHE UNIVERSITÄT WIEN" zu „Gesundheitseffekte durch 5 G" u. a.: „Wegen ihrer licht-ähnlichen Eigenschaften können die Millimeterwellen nicht für großräumige Anwendungen eingesetzt werden. Ihre Reichweite beträgt…nicht mehr als einige 100 m…Die Antennen müssen vermutlich aus Sicherheitsgründen mit Batterien versehen werden, was neben der Problematik der Exposition gegenüber der Mikrowellenstrahlung ein erhebliches Umweltrisiko durch Herstellung und Entsorgung dieser Batterien vorhersehen lässt." Und immer wieder wird in dem Brief auf die Gesundheitsgefahren hingewiesen. Wenn lt. Meldung vom 4. 2. 20 (HA) die Krebsfälle in der EU seit 1990 um 50 % zunahmen, dann liegt es wohl wahrscheinlich am Mobilfunk.

Am 15. 5. 2020 schrieben der 1. und 2. Vorsitzende von diagnose:funk, Dipl.-Ing. Jörn Gutbier und Peter Hensinger einen langen Brief mit vielen begründeten Forderungen an Frau Dr. Inge Paulini, Präsidentin des Bundesamtes für Strahlenschutz, den sie zusätzlich an die Fraktionen des Bundestages und weitere Institutionen gaben.

Titel: **„Wann gibt es in Deutschland wieder einen Strahlenschutz."** Nach mehrseitigen Begründungen wurden dem Bundesamt für Strahlenschutz folgende Handlungsoptionen vorgeschlagen: 1. Eine Neuinterpretation der Studienlage, die sich nicht an der ICNIRP orientiert. 2. Das Bundesamt fördert die genannten Forschungsprojekte, auch eine Machbarkeitsstudie mit den Auswirkungen auf Kinder, die bereits 2005 erarbeitet aber nie umgesetzt wurde, Wirkungen auf den Organismus. 3. Politische Forderungen wie Anpassung der Verordnungen an den Stand der Forschung etc. und 4. Verbraucherschutzregelungen.

Zusätzlich hieß am 5. 2. 2020 (BILD) die Meldung: „Krebshilfe will Solarien verbieten lassen" „Laut Krebshilfe verursachen Solarien jedes Jahr europaweit bei rund 3400 Menschen schwarzen Hautkrebs." Also auch durch Strahlung.

Über den unglaublich hohen Stromverbrauch des Mobilfunks, und damit auch der dadurch verursachten Klimaerwärmung, wird auch selten berichtet, obwohl jeder laufend sein Smartphone oder andere Geräte aufladen muss. Die biologischen – die krank machenden – Wirkungen des Mobilfunks sorgen, ähnlich dem Rauchen, für sehr viele und die 49 noch genannten Krankheiten. Aber, obwohl auf jeder Zigarettenpackung steht „Rauchen ist tödlich", rauchen Millionen. Auch der Rauschgiftverbrauch wird, trotz der hohen Schädlichkeit, immer mehr. - Und der Mobilfunkrausch mit Smartphone, W-Lan und vielen Mobilfunkgeräten wird auch immer mehr.

Kapitel 4
Stimmt die Schädlichkeit des Mobilfunks?

„Wissenschaftliche Erkenntnisse über die Wirkung von Hochfrequenzwellen auf die menschliche Gesundheit gibt es bereits seit 1932."
(Dies schrieb Dr. med. Bergmann schon 2016)

Da ich kein Arzt bin, möchte ich nachfolgend umfangreiche Beweise über die Schädlichkeit des Mobilfunks, die aber schon am 1. 8. 2016 von Dr. med. Bergmann zusammengestellt wurden, auszugsweise wiedergeben:

„Wissenschaftliche Erkenntnisse über die Wirkung von Hochfrequenzwellen auf die menschliche Gesundheit gibt es bereits seit 1932. Damals beschrieb Schliephake das ‚Mikrowellensyndrom.'.

U.a. untersuchte Frau Prof. Dr. Znaida Gordon am Moskauer Institut für Industriehygiene und Berufskrankheiten ab 1948 gemeinsam mit verschiedenen Kliniken über 1000 Personen über einen Zeitraum von mehr als 10 Jahren.

Typische Erscheinungen des Mikrowellensyndroms, wie sie auch schon Schliephake beschrieb, zeigten sich nach dieser Studie: neurovegetative Störungen, Tagesmüdigkeit, Leistungseinbuße, Schlafstörungen, Kopfschmerzen, Ohrgeräusche sowie Muskelschwäche, Hyperaktivität und innere Unruhe, Konzentrationsstörungen und Gedächtnisschwäche, Neurosen und Depressionen, sowie kardiovaskuläre Regulationsstörungen verschiedenster Art. Besonders wichtig ist: Mit ansteigender Dauer der Exposition verstärkten sich die Symptome und die Sensibilität gegenüber Mikrowellen fortlaufend.

Klaus-Peter Wenzel beschrieb 1967 Gesundheitsschäden durch Funkstrahlung bei Angehörigen der Nationalen Volksarmee der DDR. Ich darf hinzufügen, dass besonders viele starben, die an der innerdeutschen Grenze eingesetzt waren.

Von 1955 bis 1969 fanden in den USA 11 große Konferenzen statt unter dem Titel: „Mikrowellen – ihre biologischen Wirkungen und Schäden für die Gesundheit."

1981 hatte die NASA die einzelnen Symptome nichtthermischer Mikrowellenwirkung bei beruflich Betroffenen genauestens zusammengestellt.

Prof. Karl Hecht wertete sodann im Auftrag des deutschen Bundesministeriums für Telekommunikation 878 russischsprachige Studien aus. Das eindeutige Ergebnis: deutlich gesundheitsschädigende Wirkung von Langzeiteinwirkungen von Mikrowellen.

Seither gab und gibt es weltweit äußerst zahlreiche wissenschaftliche Untersuchungen, die immer wieder die Befunde bestätigen bzw. neue Belege erbrachten. (z.B. Bordeur; Varga; 1st Hellenic Congress on the effects of Electromagnetic Radiation; und viele andere mehr.)

Folgerichtig wurde die Empfindlichkeit auf elektromagnetische Strahlen als Umwelterkrankung in den Internationalen Diagnoseschlüssel (ICD) aufgenommen. In der deutschen Ausgabe des ICD findet sich explizit die Diagnose „Elektrosensibilität" als ICD Z 58.

In einem aktuellen Interview vom 22.3.2016 erklärte Prof. Dominique Belpomme, einer der führenden unabhängigen Forscher auf diesem Gebiet: „Zunächst einmal muß man wissen, dass alle Lebewesen elektrosensibel sind. Genau wie Vögel und Bienen reagiert auch der Mensch auf elektromagnetische Felder. Problematisch wird erst die Hypersensitivität, also eine Überempfindlichkeit, die durch ein Absinken der Toleranzschwelle gegenüber elektromagnetischen Wellen entsteht.".

Bis 1992 war das auch für das deutsche Bundesamt für Strahlenschutz unbestrittener Stand wissenschaftlicher Erkenntnis. Im Bundesanzeiger Nr. 43 vom 3. 3. 1992 schrieb die Strahlenschutzkommission, dass nicht thermische Effekte an „Makromolekülen, Zellmembranen oder Zellorganellen induziert werden". Und sodann über „spezielle Effekte, die nicht auf Erwärmung beruhen.

Wenn eine Hochfrequenzstrahlung mit einer anderen Frequenz amplitudenmoduliert ist, können Feldwirkungen auftreten...es handelt sich meist um Veränderungen der Permeabilität der Zellmembran...Die Membraneffekte wurden vielfach bestätigt, sodass ihre Existenz heute als gesichert gilt."

Sogar noch im Jahr 2003 stellte der deutsche „Ausschuss für Bildung, Forschung und Technologieabschätzung" in einer Metastudie zu den Wirkungen von Mobilfunkfrequenzen auf die menschliche Gesundheit fest:. „Von den Studien an menschlichen Probanden erbrachten 79% positive Befunde. Die meisten Befunde betreffen das Nervensystem und das Gehirn (86%)." (Bundestagsdrucksache 15/1403).

Die weitreichenden Folgen dieser Einwirkung technischer Mobilfunkfrequenzen auf die Elektrophysiologie lebender Zellen und deren Folgen auf das gesamte Gefüge der Selbstregulation (Homöostase) sind bis in die Neuzeit in tausenden von Studien an Menschen, Tieren, Pflanzen und an isolierten Zellen in Labortests immer wieder untersucht und bestätigt worden.

Einige wichtige Eckpunkte wissenschaftlicher Erkenntnisse der Auswirkungen der Mobilfunkfrequenzen auf lebende Organismen: Jederzeit mit einfachsten Mitteln nachprüfbar:

Infolge der Veränderung des Membranpotentials der roten Blutkörperchen unter Mobilfunkeinfluss klumpen die roten Blutkörperchen schon nach 30 sec. Telefonat zusammen. Folge: geringere Oberfläche der Blutkörperchen, die weniger Sauerstoff laden und transportieren können. Die verklumpten Blutkörperchen verstopfen leichter die Kapillaren. Sauerstoffmangel im Gewebe und verstopfte Kapillaren sind Wegbereiter für Herzinfarkt, Schlaganfälle, Embolien usw.

Im Deutschen Ärzteblatt Nr. 48 vom 3.12.2010 berichten Ärzte über eine dramatische Zunahme von Schlaganfällen bei Kindern und Jugendlichen und sogar bei Föten im Mutterbauch! „Die aktuellen Zahlen sind mehr als doppelt so hoch wie Zahlen aus früheren Jahrzehnten." (S. 851). Immer jüngere Menschen sind von Schlaganfällen und Infarkten betroffen. Die „Stiftung Deutsche Schlaganfall-Hilfe" teilte 2008 mit, dass jährlich 14 000 Menschen in der Altersgruppe von 18 bis 50 Jahren einen Schlaganfall erleiden.

Ein entscheidender Grundfaktor für die Wirkung der Mobilfunkfrequenzen auf lebende Organismen ist die Tatsache, dass die technischen Mobilfunkfrequenzen genau in den Frequenzbereichen liegen, in denen das natürliche Leben über elektrische, magnetische und elektromagnetische Wellen organisiert ist und über die Zellen und biologische Regelkreise untereinander kommunizieren. Aufgrund von Frequenzähnlichkeit kommt es zu Resonanzen zwischen biologischen und technischen Schwingkreisen mit tiefgreifenden Folgen bis auf die Ebene des Zellkerns. Aus technischer Information wird in biologischen Regelkreisen über Resonanzphänomene biologische Falschinformation.

Die biologisch einschneidenste, wissenschaftlich immer wieder nachgewiesene Folge dieser Interferenz zwischen technischer und natürlicher Schwingung ist die Auslösung von oxydativem und nitrosativem Stress in der Zelle. (Die Entartung von Stickstoffmonoxid (NO) zu reaktiven nitrogenen und oxydativen Spezies RNS und ROS). Als Folge entsteht u.a. Peroxinitritt. Dadurch wird eine ganze Kaskade von Schädigungen in

der Zelle angestoßen – z.B. Oxidation von ungesättigten Fettsäuren, Proteinen und DNA. Bedeutsame Folgen: vermehrte Bildung freier Radikale, Schwächung der Zellreparaturmechanismen, Brüche in der DNA usw.. Im Zellkern entsteht Energiemangel (Mitochondropathie), der sich bis auf alle Ebenen des Lebens ausbreiten kann. Eine Antwort des Immunsystems auf diese Überlastung ist u.a. die Bildung von Hitze-Schock-Proteinen, die die Transkription der DNA verändern. In diesen Wirkmechanismen ist der tiefere Grund zu finden, warum die Mobilfunkstrahlung praktisch jedes Krankheitsbild hervorrufen oder verstärken kann, von Unwohlsein bis zu manifestem Krebs.

Dr. Ulrich Warnke von der Universität des Saarlandes stellte 2004 als wissenschaftliche Nachweiskriterien für eine Schädigung durch Mobil- und Kommunikationsfunk eine veränderte Redox-Balance heraus. Diese „schädigt Einzelstrukturen wie Enzyme, Membranen und Zellkerne (Chromosomen)." Warnke weist auf einen bedeutsamen Rückkopplungsmechanismus hin: „Andauernder oxidativer und nitrosativer Stress erzeugt unweigerlich Entzündungen; Entzündungen aber erzeugen weiteren oxidativen und nitrosativen Stress."

Diese Zusammenhänge sind weltweit in einer stetig wachsenden Zahl von Studien immer wieder wissenschaftlich bestätigt worden. „Schlußfolgernd zeigt unsere Analyse, dass Hochfrequenzstrahlung niedriger Intensität ein starker oxidativer Wirkungsfaktor für lebende Zellen ist, mit einem hohen krankheitserregenden Potenzial." (Yakyymenko et al. 2015).

Schließlich publizierte eine internationale Forschergruppe in den Scientific Reports (Nature Gruppe) am 21.10.2015 Untersuchungsergebnisse, wonach eine Ursache für die starke biologische Wirkung von technischer elektromagnetischer Strahlung niedriger Intensität deren Polarisierung ist, die den entgegengesetzten Spin hat wie die natürliche Strahlung.

Das hier erkennbare Grundmuster einer Stressreaktion der verschiedensten Regelkreise bis hin zum Zellstoffwechsel zeigt sich auch im Falle der Reaktion auf Belastung durch Hochfrequenzfelder. Es ist aus der Stressforschung in der medizinischen Wissenschaft seit langem, unabhängig von der Erforschung der Wirkung dieser Felder, Stand des Wissens: Es wird als sog. Selye-Syndrom beschrieben. Bei diesem Krankheitsbild ist die Fähigkeit der biologischen Regelkreise, auf äußere Belastungen so zu reagieren, dass alle vitalen Funktionen und die Stoffwechselregulation in einem gesunden und angepassten Maße aufrechterhalten werden bzw. nach streßbedingter Auslenkung der Regelkreise wieder in normales Niveau zurückzuschwingen, (sog. Homöostasefähigkeit). massiv gestört. Aufgrund fehlender funktioneller Reservekapazität ist die Adaptationsfähigkeit geschwächt oder aufgehoben. In der Folge treten krankhafte Zustände auf, die aus dieser Forschung sehr gut belegt sind.

Bei diesen Erscheinungen handelt es sich um eine Anpassungsreaktion des Organismus auf starke und oder chronische, die Eigenregulation überfordernde äußere Reize mit pathologischen Folgeerscheinungen. Sie decken sich mit den vielen neurovegetativen und gesamtregulatorischen Störungen des Mikrowellensyndroms.

Inzwischen sind die manifesten Folgen dieser grundlegenden Störungen der Lebensregulation durch Mobilfunkfrequenzen auf den verschiedensten Ebenen immer wieder belegt: Z.B. krankhafte Veränderungen der Hirnstromaktivitäten und der Herzratenvariabilität; krankmachende Veränderungen im Hormonhaushalt, z.B. Melatonin (Schlafstörung, Minderung der Krebsabwehr), Adrenalin, andere Neurotransmitter, u.a. Stressauslösung und Minderung der Stressabwehr, Schilddrüsenhormone (Stoffwechselstörung, Unruhezustände; Öffnung der Blut-Hirn-Schranke mit der Folge von Eindringen von Schwermetallen und Eiweißkörper in die Hirnsubstanz (Alzheimer, Parkinson). Störung der Fruchtbarkeit; Ohrgeräusche, Gleichgewichtsstörungen; hyperkinetisches Syndrom, Aufmerksamkeitsstörungen; alle Formen von neurovegetativen Störungen, von Schlaflosigkeit über Depressionen bis Burn out und Muskelschwäche; Förderung und Entstehung von gutartigen und bösartigen Tumoren. Schließlich Verstärkung und Entgleisung von bis dahin stabilen und therapierbaren Krankheiten wie Diabetes, Blutdruck, Hormonstörungen usw..
Selbst die WHO hatte inzwischen die Mobilfunkstrahlung als „potenziell krebsfördernd" eingestuft.

Alle diese Zusammenhänge sind sehr ausführlich erforscht und in zahllosen wissenschaftlichen Arbeiten und Datenbänken öffentlich zugänglich.

Die Manifestation des Mikrowellensyndroms ist bei jedem Menschen verschieden und hängt von seiner individuellen Konstitution, von Vorerkrankungen, anderen Umweltbelastungen, genetischer Disposition, Stärke des Immunsystems, Lebensstimmung und auch von wechselnden zirkadianen Energiezuständen ab. D.h. es gibt nicht das eine, bei allen Menschen gleich anzutreffende Krankheitsbild. Es ist auch bei ein und demselben Patienten nicht immer gleich. Nicht einmal im Verlauf eines Tages. Es entspricht damit nicht dem immer noch in der konventionellen Medizin vorherrschenden linearen Wissenschaftsbild von „eine Ursache - eine Wirkung." (mechanistisches Wissenschaftsverständnis). Zudem ist es nicht mit einfachen, schnellen Tests ohne Spezialkenntnisse diagnostizierbar. Daher fehlt es sehr vielen Ärzten im Alltag an einer Wahrnehmungsfähigkeit dieses komplexen Krankheitsbildes.

Meiner Erfahrung nach ist es zudem für viele Ärzte kaum vorstellbar, was eine solche Behinderung für das Alltagsleben für einschneidende Bedeutung hat.

So ist etwa eine Patientin oft gezwungen, auf einem Brett über der Badewanne zu schlafen, weil im Badezimmer relativ weniger Strahlung herrscht. Wer von so etwas berichtet, wird rasch als geistig gestört eingestuft. (Kapitel 8 bringt Alternativen zum Strahlungsschutz.)

Ein weiterer sehr wichtiger Grund für häufig anzutreffende ablehnende und abwertende Stellungnahmen u.a. von Amtsärzten: Seit der massenhaften Verbreitung der Mobilfunktechnologie in Deutschland und weltweit haben sich Politik und Forschung und veröffentlichte Meinung massiv verändert.

Das Bundesamt für Strahlenschutz hat ab 1992/93 eine vollständige Kehrtwendung in Sachen Mobilfunk vollzogen: Alle bis dahin anerkannten Zusammenhänge und wissenschaftlichen Ergebnisse wurden in Abrede gestellt und die Existenz nicht-thermischer biologischer Wirkung von Mobilfunkfrequenzen auf Lebewesen geleugnet. Das Bundesamt finanzierte zahlreiche Forschungsaufträge zusammen mit der Mobilfunkindustrie, die, ausgehend von der Nichtexistenz solcher Wirkungen, auch keine gesundheitsbelastenden Ergebnisse erbrachten. Im vollständigen Widerspruch zu allen bisherigen und den fortlaufenden unabhängigen Forschungen.

2004 führte die WHO auf Veranlassung des damaligen Vorsitzenden der WHO-Strahlenschutzkommission Rapacholi in Prag einen workshop zum Thema Elektrohypersensibilität durch. Zu Wort kamen ausschließlich Wissenschaftler, die die Existenz von Elektrohypersensibilität in Abrede stellten. Es wurden Vorschläge erarbeitet, wie Regierungen, Behörden und Ärzte mit dem Thema umgehen sollten. Danach sollte der Begriff EHS (Electrohypersensitivity) ersetzt werden durch IEI (idiopathic environmental intolerance). Bürger sollten davon abgehalten werden Messungen von elektromag-netischen Feldern durchzuführen. Menschen, die sich „als Elektrosensible bezeichnen", sollten einer psychiatrischen Behandlung zugeführt werden und es wurden Psychopharmaka empfohlen. Ärzte sollten zu entsprechenden Fortbildungen verpflichtet werden. Regierungen wurden angehalten, Aufklärungskampagnen zu lancieren, in denen klar gestellt werden sollte, dass es keinerlei Zusammenhang zwischen Feldbelastung und Krankheiten gibt! („no attribution of causalitiy to EMF... no proof of any correlation between these symptoms and later diseases...discourage measurements in homes...").

Entgegen der Satzung wurde Rapacholi während seiner Amtszeit bei der WHO von der Mobilfunkindustrie bezahlt. Zudem hatte er eine von der Industrie bezahlte Studie, die er an Mäusen durchführte, nicht veröffentlicht. Bei dieser Studie erbrachte er selbst den Nachweis, dass Mäuse unter Mobilfunkstrahlung vermehrt Tumore bilden. Rapacholi musste wegen seiner offenkundigen Abhängigkeit von der Mobilfunkindustrie nach langem öffentlichen Druck seinen Posten bei der WHO räumen. Die Empfehlungen der WHO, die nach der Konferenz in Prag unter Federführung von Rapacholi in einem Factsheet an alle Länder verbreitet wurden, prägen trotzdem bis heute die offizielle Mobilfunkpolitik.

Eine ganze Reihe namhafter Wissenschaftler, die sich von dieser neuen Ausrichtung nicht einschüchtern lassen wollten, verloren ihren Posten, ihre

Forschungsgelder und sahen sich z.T. weltweiten Diffamierungen ausgesetzt: Dr. L. von Klitzing wies an der Universität Lübeck das Auftreten pathologischer Hirnströme durch Mobilfunkbelastung nach. Er wurde entlassen mit der Begründung, dass die Uni keine weiteren Forschungsgelder mehr bekomme.

Prof. Semm untersuchte im Auftrag der Telecom die Wirkung von Mobilfunk auf Vögel. Ergebnis: schwere Schäden, Missbildungen, Totgeburten usw. Die Telecom ließ die Untersuchungen überprüfen und bescheinigte Prof. Semm einwandfreie Arbeit. Sie verbot die Veröffentlichung der Studie. Prof. Semm wurde entlassen, weil er sich nicht an das Verbot hielt.

Prof. Hecht untersuchte im Auftrag der Telekommunikationsbehörde 887 Studien und konnte belegen, dass eindeutig schwere und schwerste Gesundheitsschäden aller Art als Folge der Bestrahlung immer wieder nachgewiesen sind. Seine Arbeit verschwand spurlos. Erst nach jahrelanger hartnäckiger Recherche musste sie aus dem Keller der Behörde geholt werden.

Prof. Santini in Frankreich belegte das Auftreten von vielen Krankheiten bis hin zu Krebs in Abhängigkeit von der Wohnentfernung der Untersuchten von Mobilfunkmasten. Die Ergebnisse waren eindeutig. Santini wurde entlassen.

Im Auftrage der bayerischen Landesregierung untersuchte eine Forschergruppe das Verhalten von Kühen unter Mobilfunkstrahlung und ohne. Ergebnis eindeutig: Verhaltensstörungen der Kühe, Störung der Milchproduktion, Krankheitsanfälligkeit.

Die Landesregierung veröffentlichte als Ergebnis: kein Hinweis auf Störungen. Die europäische Reflexstudie, inzwischen mehrfach international bestätigt, ergab an isolierten menschlichen Zellen gentoxische Wirkungen von UMTS bei geringen Feldstärken. Prof. Lerchl, langjähriger Vorsitzender der Strahlenschutzkommission für nicht ionisierende Strahlung, startete eine internationale Rufmordkampagne gegen die Forscher und behauptete, die Untersuchung sei gefälscht. Erst nach vielen Jahren wurde er vom Landgericht Hamburg zur Zurücknahme dieser Behauptung gezwungen und wegen Verleumdung und Ehrverletzung verurteilt.

Markus Antonietti, Leiter des Max Planck Instituts in Golm, hat in einem Laborexperiment zum eigenen Erschrecken an Synapsen, wie sie dem Gehirn nachgebaut wurden, unter Handystrahlung Erwärmungen bis 100 Grad gemessen. „Ist Handystrahlung also gefährlich fürs Hirn?" Vor solchen Aussagen werde er sich hüten, sagt Antonietti. „Die Mobilfunkindustrie hat gute Anwälte..." (Die Zeit – Wissen: Heisse Gespräche. Zeit Wissen 05/2006.)

Dr. Carlo führte in den 90er Jahren des vorigen Jahrhunderts im Auftrag der Telekommunikationsindustrie der USA die bis dahin größte, mit 28 Mio. Dollar ausgestattete Studie durch. Ergebnis: eindeutige Erhöhung der Tumorrate bei Nutzern von Mobiltelefonen. Die Geldgeber verboten die Veröffentlichung der Ergebnisse. Als Dr. Carlo sich nicht daran hielt, verlor er nicht nur den Auftrag, er wurde bedroht, sein Haus brannte ab und er wurde weltweit als unseriöser Forscher gebrandmarkt. Inzwischen hat eine Tumorbetroffene mit Hilfe von Dr. Carlo eine Entschädigungszahlung von einer Mobilfunkfirma erstritten.

In der universitären Forschung existiert das Problem so gut wie nicht. Kliniken und Arztpraxen sind inzwischen maximal mit Mikrowellensendern ausgestattet. Versuche, bei neurologischen Symposien der Universität Freiburg (Thema Schlaganfälle usw.) für das Thema der möglichen Beteiligung von Mobilfunk an der Entstehung von Schlaganfällen zu interessieren oder Angebote zur Übernahme eines Vortrages, werden gar nicht erst beantwortet.

Auf Seiten der Bundesärztekammer gibt es seit über 10 Jahren mehrere Resolutionsentwürfe, die das Thema Elektrosensibilität und Schutz vor der Strahlung zum Gegenstand ärztlicher Bemühungen haben. Trotz jahrelanger Nachfragen werden die Entwürfe bis heute unter Verschluss gehalten. Gleichzeitig vergeben die Bundesärztekammer und die Landesärztekammern bis heute Fortbildungspunkte an Ärzte für Fortbildungen durch die Mobilfunkindustrie. Übrigens lange Zeit durchgeführt u.a. durch Prof. Lerchl. Immer inhaltlich mit Entwarnung gegenüber den Gefahren durch die Mobilfunktechnologie und der Falschaussage, es gäbe „keine belastbaren Beweise" für eine Schädigung. (Eine Standardfloskel der Mobilfunkindustrie).

Behörden in Bayern und Baden-Württemberg haben Weisungen an Gesundheitsämter gegeben, nicht auf Beschwerden aus der Bevölkerung einzugehen, die sich auf Elektrosmog durch Mobilfunk beziehen.

Alle Versuche, einen Artikel zum Thema im Deutschen Ärzteblatt abdrucken zulassen, scheitern seit Jahren. Das Deutsche Ärzteblatt veröffentlicht erklärtermaßen nicht einmal kritische Leserbriefe zum Thema, solange die Existenz von Schäden durch Mobilfunk nicht durch „die" (!) Experten bestätigt sei.

Ähnliche Erfahrungen machen Ärzte und Journalisten mit kritischen Artikeln in den meisten Medien. Sie werden nicht gedruckt. Zuweilen die ehrliche Begründung: Verlust des Anzeigengeschäftes.

Inzwischen hat das Bundesamt für Strahlenschutz die technische Hochschule in Aachen beauftragt, ein EMF-Portal einzurichten zur Wirkung der elektrischen, magnetischen und elektromagnetischen Strahlung. (www.emf-portal.de). Dort stehen alle wesentlichen Informationen kostenlos zur Verfügung. Obwohl dort die so zahlreichen wissenschaftlichen Beweise für die schädigenden Wirkungen dokumentiert sind, haben diese Ergebnisse keinerlei Eingang in die offizielle Gesundheitspolitik gefunden.

Immerhin rät inzwischen das Bundesamt für Strahlenschutz zu persönlich vorsichtigem Umgang mit der Mobilfunktechnologie und empfiehlt die Verwendung von kabelgebundenen Endgeräten.

In den Medien und den politischen Verlautbarungen ist davon nichts zu hören und zu lesen.

Dies ist die gesellschaftliche Realität, mit der heute Ärzte und Bevölkerung konfrontiert sind. Im ärztlichen Alltag ist es daher kaum möglich, einen unabhängigen Standpunkt zu erwerben, geschweige denn, ihn öffentlich zu vertreten. Dazu kommt, dass praktisch alle Ärzte von dieser Technologie völlig abhängig sind, kaum ein Bewusstsein von der Gefährdung haben oder diese verdrängen. Das trifft auch auf den überwiegenden Teil der Bevölkerung zu. Dadurch beteiligen sich auch weite Bevölkerungsteile einschließlich sehr vieler Ärzte bewusst oder unbewusst an der Isolierung und Ächtung von Elektrohypersensiblen. In anderen Ländern sieht es anders aus:

In **Schweden** stellen Kommunen Wohnungen in unbelasteten Gegenden für strahlen-übersensible zur Verfügung. Elektrosensibilität ist dort als Behinderung anerkannt.

In **Frankreich** hat eine
Journalistin aufgrund ihrer Hypersensibilität eine Rente bekommen.

In **Italien** wurde bei einem Mann ein Hirntumor als Folge der beruflichen Mobilfunkbelastung anerkannt und eine entsprechende Rente bewilligt.

Für **Deutschland** ist es leider vor dem geschilderten Hintergrund eher „normal", dass Begutachter keinerlei Bezug nehmen zum Stand der wissenschaftlichen Forschung. Wenn man sich mit dem Stand des Wissens vertraut macht, ist es mehr als naheliegend, in dem komplizierten, wechselhaften und praktisch alle körperlichen, seelischen und geistigen Bereiche betreffenden Beschwerdebild eines Menschen mit Elektrohypersensibilität nicht nur auf der eher allgemeinen Ebene die verschiedensten Phasen eines typischen Stresssyndroms wieder zu finden. Sondern u. a. auch die typischen Zustände eines Mikrowellensyndroms. Zumal, wenn ein klarer Zusammenhang zwischen Belastung durch Mobilfunkfrequenzen bzw. Entlastung und Ausmaß der Beschwerden unabweisbar ist." (Die Mikrowellen als „Stressor").

————————————

Kapitel 5

Die Mobilfunk Körperverletzung.

*Im deutschen Grundgesetz steht: Artikel 13: Unverletz-
lichkeit der Wohnung.*

Das vorige Kapitel endete mit:

In **Schweden** stellen Kommunen Wohnungen in unbelasteten Gegenden für strahlen-übersensible zur Verfügung. Elektrosensibilität ist dort als Behinderung anerkannt.

In **Frankreich** hat eine
Journalistin aufgrund ihrer Hypersensibilität eine Rente bekommen.

In **Italien** wurde bei einem Mann ein Hirntumor als Folge der beruflichen Mobilfunkbelastung anerkannt und eine entsprechende Rente bewilligt.

Für Deutschland ist es leider vor dem geschilderten Hintergrund eher „normal", dass Begutachter keinerlei Bezug nehmen zum Stand der wissenschaftlichen Forschung.

Wenn im „Hamburger Abendblatt" am 28. 11. 2019 die Überschrift lautete: „Die Angst vor Strahlung ist groß", und dazu aus Berlin Umfrageergebnisse zeigten, dass sich rund 50 % Sorgen um die Strahlung von Mobilfunkmasten und –anlagen machten, dann müsste dies auch von der Politik und den zuständigen Behörden beachtet werden. In dem Bericht wurde aber auch auf die Gefährlichkeit der Radonstrahlung aus dem Erdreich hingewiesen, die allerdings nicht überall vorkommt, und sodann auf die große Gefährdung von eigener Handystrahlung. Ob die Angst berechtigt ist, sollen die nachfolgenden Berichte von Fachleuten – aber auch die Beweise der Vorkapitel – beschreiben:

Bislang galten die Varroamilbe, Insektizide, Fungizide, Umweltveränderungen und auch Nahrungsmangel als Verursacher für das rätselhafte weltweite Bienensterben. Aber all diese Faktoren reichten den Forschern nicht aus, um das weltweite Massensterben der Honigbienen zu erklären.

Jetzt verfolgen die Wissenschaftler eine neue Theorie: Das unter Fachleuten als CCD (Colony Collapse Disorder) bezeichnete Phänomen wird in direkten Zusammenhang mit der Strahlung von Mobilfunknetzen gebracht. Laut Erhebungen der Schweizer Imker sind im Winter (2009) landesweit etwa 30 Prozent aller Bienenvölker eingegangen oder so geschwächt worden, dass sie nicht überleben werden. Der Frühling 2010 begann ohne das Gesumme von etwa 48000 Bienenvölkern. Auch in Österreich oder Deutschland sieht es ähnlich aus, auch hier starben 30 Prozent der Population. Die Imker stehen diesem Phänomen hilflos gegenüber und befürchten gar ein Aussterben ihrer Bienenstämme.

Wissenschaftler der Panjab University in Chandigarh, Indien, gehen nach jüngsten Studien davon aus, die Hauptursache für das Bienensterben gefunden zu haben. Mit ihrer Entdeckung wollen sie dem Populationsrückgang Einhalt bieten. Ihre Theorie ist, dass die Strahlung von Mobiltelefonen den Navigationssinn der Honig produzierenden Insekten empfindlich stört. „Die immense Zunahme von elektronischen Geräten hat zu einer erheblichen Zunahme des Elektrosmogs in der Umwelt geführt. Das Verhalten der Honigbienen und deren Biologie reagiert sehr empfindlich auf Elektrosmog, da der Orientierungssinn der Honigbiene auf elektromagnetischer Strahlung beruht", schreiben die Autoren Ved Prakash Sharma und Neelima Kumar in der Fachzeitschrift „Current Science".

Die Wissenschaftler arbeiteten mit vier Bienenstöcken, in denen die Honigbienen Apis mellifera L untersucht wurden. Bei zweien wurden in der Seite jeweils zwei GSM-Handys (Global System for Mobile Communication), die bei einer Frequenz von 900 MHz arbeiten, platziert. Diese wurden dann zweimal täglich für fünfzehn Minuten miteinander verbunden und ansonsten auf „Stand-by" eingerichtet. Bei einem dritten Bienenstock installierten sie lediglich Dummys, ein vierter Bienenstock war ohne Mobiltelefone oder Dummys.

Das Experiment wurde für 90 Tage durchgeführt. Nach diesen drei Monaten verzeichneten die indischen Forscher eine deutliche Verkleinerung des Bienenvolkes in den Stöcken, die von den zwei Mobiltelefonen umgeben waren. Hier war die Honigproduktion komplett zum Erliegen gekommen. Die Königin legte erheblich weniger Eier. Fand man in den Vergleichsbienenstöcken im Schnitt täglich etwa 376 Eier, so legten die Königinnen in den Bienenstöcken mit Mobiltelefonstrahlung nur durchschnittlich 145 Eier. Die Forscher beobachteten weiterhin, dass die Arbeiterinnen desorientiert im

Bienenstock herumirrten und nachdem sie den Bienenstock verlassen hatten, um Pollen zu sammeln, immer seltener zum Bienenstock zurückkehrten. Am Ende des Experiments gab es in diesen Bienenstöcken weder Pollen noch Honig. (Quelle: http://www.noz.de/artikel/46643859/elektrosmog-ist-gift-fuer-bienen) So viel über die Bienen.

Vernetzte Strom- und Wasserzähler sollen beim Energiesparen helfen. Neue Gesetze machen sie deshalb oft zur Vorschrift. Doch Verbraucher sparen offenbar weder Kosten noch Energie." So die Überschrift des Berichts von R. Haimann in „DIE WELT" vom 13. 6. 2019. Es „sollen bis 2032 alle mechanischen Zähler gegen sogenannte digitale ‚Smart Meter' - ausgetauscht werden. Bereits vom Herbst kommenden Jahres an müssen zudem in neuen Gebäuden intelligente Heizkostenzähler installiert werden." Doch wie häufig, ist die Wirklichkeit anders: C. Kodim vom Haus- und Grundeigentümerverband wird zitiert mit: „Die Gesetze belasten Mieter und Eigennutzer mit zusätzlichen Kosten, tragen aber nicht dazu bei, den Energieverbrauch zu reduzieren." Und C. Bogata, Geschäftsführer von Fresh Energy sagte: „Für den privaten Stromkonsumenten verdoppeln sich die jährlichen Wartungsgebühren für die Messgeräte, ohne dass sie einen erkennbaren Mehrwert erhalten."

Und Dr. Werner Thiede, Autor von „Die digitale Fortschrittsfalle" (Pad-Verlag) schrieb: „Fernablesung entmündigt. Warum gegen die neuen Heizkostenzähler Widerstand angesagt ist." Er schrieb: „Die neuen Zähler können für viele Krankheiten sorgen," – und „Das

Bundesamt für Strahlenschutz (BfS) warnt durchaus: ‚Personen in der Nähe von drahtlos kommunizierenden Smart Metern sind den elektromagnetischen Feldern der Geräte ausgesetzt und absorbieren einen Teil der ausgesendeten Strahlung.'' Und deshalb wird empfohlen, die Geräte im Keller anzubringen. Wenn aber kein Keller da ist - oder die Zähler in Wohnungen sind, oder der Keller benutzt wird? Zuletzt schrieb Dr. Thiede: „Werden die Bürgerinnen und Bürger ihre solchermaßen bedrohten Grundrechte auf körperliche Unversehrtheit und informationelle Unversehrtheit fahren lassen – oder im Zuge der nationalen Umsetzung Widerstand gegen die angesagte Tyrannei entwickeln.'' Und zuletzt hoffte er, dass der Bundestag die Umsetzung dieser hochproblematischen EU-Richtlinie nicht in ‚digitaler Demenz' vornehmen wird. Und dass auch die Kirchen …nicht einfach schweigen.

Am 19. 3. 2019 hieß eine Zeitungsüberschrift: „Alle Klassen in Hamburg erhalten schnelles W-LAN. Digitaloffensive: Schulsenator will 13.200 Unterrichtsräume schon bis Ende 2020 mit drahtlosem Internet ausstatten.'' Ein Ergebnis des Gesundheitsverbrauchs durch die Digitalisierung war am selben Tag in derselben Zeitung zu lesen: „Schikane durch Cyber-Mobbing betrifft immer mehr Jugendliche. – Fast jeder vierte Jugendliche wird im Netz schikaniert'' - das www.buendnis-gegen-cybermobbing.de listet Beratungsstellen in der Nähe (gegliedert nach Postleitzahlen) auf. Dies alles gegen die im Vorkapitel gebrachten Warnungen dagegen.

Nun noch eine Mitteilung aus der Schweiz: Erstellt: Donnerstag, 31. Januar 2019: UN-Generalsekretär Antonio Guterres gibt sich unwissend über Funkstrahlung (EMF - elektromagnetische Felder) und deren gesundheitliche Risiken. Tatsächliches Nichtwissen oder bloß vorgespielte Ahnungslosigkeit? Eine seiner Mitarbeiterinnen wies aber ausführlich auf die Problematik hin und forderte ihren Chef auf, alles in seiner Macht Stehende zu unternehmen, um die Einführung der nächsten Mobilfunkgeneration (5G) zu stoppen und die bereits krankmachenden WLAN- und Mobilfunksender in den Gebäuden der UNO wieder zu entfernen.

Allerdings sagen die nicht in Universitäten, sondern beim Staat weiter oben beschäftigten immer wieder: „Die meiste Strahlung erhalten wir vom Handy." So die Überschrift vom 24. 4. 2019 im „Hamburger Abendblatt." Wie es die Strahlenschutz-Präsidentin Inge Paulini über mögliche Risiken beim Mobilfunk im Interview sagte. Dazu sagte sie dann: „Das Handy sollte nicht über längere Zeit sehr nah am Körper gehalten werden, wenn es sendet. Beim Telefonieren sollte man ein Headset benutzen….Sowohl beim Kauf als auch bei der Benutzung sollte daher auf die spezifische Absorptionsrate, kurz SAR, geachtet werden. Je niedriger die SAR-Werte sind, desto weniger Strahlung geht von dem Handy aus." (0,5 bis 2,0 SAR – Werte auch im Internet. Das Handy strahlt nur, wenn es sendet.) Soweit die Fachfrau. Sie sagte aber auch: „Eltern sollten möglichst die Zeit begrenzen, in der die Kinder telefonieren oder das Handy am Ohr haben." – Übrigens: Handy = ca. Smartphone.

Die vielen Arztberichte werden beim Bundesamt für Strahlenschutz wohl nicht gelesen. Wohl auch nicht die folgende Petition an den Bundestag: An den Deutschen Bundestag wurde zusätzlich zum 5. April 2019 von unglaublich vielen besorgten Bürgern eine Petition geschrieben: Mitzeichnen der Petition 88260: **Strahlenschutz - Verfahrensaussetzung zur Vergabe von 5G-Mobilfunklizenzen/Keine Einführung des 5G-Mobilfunkstandards ohne Unbedenklichkeitsnachweis vom 05. 12. 2018.**

Text der Petition: „Der Deutsche Bundestag möge beschließen, Verfahren zur Vergabe von 5G-Mobilfunklizenzen auszusetzen und die Einführung des 5G-Mobilfunkstandards zu unterbinden, solange wissenschaftlich begründete Zweifel über die Unbedenklichkeit dieser Technologie bestehen.

Begründung: Hunderte unterzeichnende Wissenschaftler und Ärzte aus dutzenden Ländern warnen vor einem flächendeckenden 5G-Mobilfunkstandard. Zahlreiche kürzlich erschienene wissenschaftliche Publikationen, die den aktuellen Forschungsstand dokumentieren zeigen, dass hochfrequente elektromagnetische Felder (HF-EMF) lebende Organismen weit unterhalb der meisten international und national geltenden Grenzwerte schädigen. Es ist erwiesen, dass HF-EMF für Menschen, Tiere und Pflanzen schädlich sind, so auch die Exposition von elektromagnetischen Feldern, die bereits für die Telekommunikation genutzt werden: GSM, UMTS, LTE. Bei dem neuen 5G-Standard werden Millimeterwellen bis zu 200 GHz genutzt. Diese Strahlung wird von der menschlichen Haut absorbiert oder von Pflanzenblättern aufgenommen. Der 5G-Mobilfunkstandard wird nicht zuletzt mit der dafür erforderlichen Antennendichte die Exposition von elektromagnetischen Feldern im Hochfrequenzbereich in einem unvorstellbaren Ausmaß erhöhen. Die zu befürchtenden Wirkungen umfassen ein erhöhtes Krebsrisiko, zellulären Stress, einen Anstieg gesundheitlicher freier Radikale, unkalkulierbare genetische Veränderungen, Änderungen der Strukturen und Funktionen im Reproduktivsystem, Defizite beim Lernen und Erinnern, neurologische Störungen und negative Auswirkungen auf das allgemeine Wohlbefinden.

Die Risiken des globalen 5G-Standards reichen weit über die Menschheit hinaus, zumal sich auch Hinweise zu unerwünschten Auswirkungen auf die Pflanzen- und Tierwelt erhärten und zunehmen. Die nach dem aktuellen Forschungsstand erwiesenen, schädigenden Auswirkungen von HF-EMF-Strahlung und der akkumulierenden Wirkung des 5G-Mobilfunkstandards können irreversible, unermessliche menschliche Katastrophen nach sich ziehen, neben nicht mehr quantifizierbaren monetären Schäden. Das Leben und die Gesundheit der Menschen sind nicht verhandelbar." Dies wurde dann verkürzt. Die Mitzeichnungsfrist war 07.03.2019 - 04.04.2019 – Ich habe auch unterschrieben.

Zur Petition fand dann am 23. 9. 2019 eine öffentliche Anhörung statt. Am Tag davor fand vor dem Deutschen Bundestag eine Anhörung mit nachfolgender Demonstration statt. Vom 20. – 23. 9. fand sodann vor dem Bundestag von 10 bis 18 Uhr eine Mahnwache statt. www.stopp5g.net . - Zuvor wurde noch die „Europäische Bürgerinitiative „Attention 5G" gegründet. www.kommune-digital-live.com .

Es änderte sich aber nichts. Die Petition nützte nichts – und der nachfolgende Brief einer Ärztin über die hohe Schädlichkeit des Mobilfunks nützte auch nichts.

Das Schweizer Bundesamt für Umwelt schickte ein Infoblatt zu 5G an alle Kantone in denen stand: „Veränderungen am Gehirn, den Spermien, der Erbsubstanz." (Info Bergmann.)

Und nun noch ein Brief zur möglichen Körperverletzung durch die Verantwortlichen:

Die Fachärztin für Allgemein- und Umweltmedizin, Frau Barbara Dohmen schrieb am 17. 3. 2019 einen offenen Brief an den Präsidenten der Bundesnetzagentur Herrn Jochen Homann in Bonn:

Sehr geehrter Herr Homann,

da Sie am kommenden Dienstag, den 19. 3. 2019 als Präsident der Bundesnetzagentur den Vorsitz bei der Versteigerung der 5. Mobilfunkgeneration, 5G, innehaben, wende ich mich an Sie mit der eindringlichen Bitte, sich mit nachfolgender Schilderung zu den Ihnen wahrscheinlich unbekannten Auswirkungen der Mobilfunktechnologie im Gesundheitswesen Kenntnis zu verschaffen. Es handelt sich um eine beunruhigende Morbiditätszunahme, die wir umweltmedizinisch ausgebildeten Ärzte in unserem beruflichen Alltag seit Beginn des Ausbaus der drahtlosen Kommunikationstechnologie 2G, 3G, 4G beobachten.

In meiner Funktion als seit 1993 niedergelassene Allgemeinärztin mit Schwerpunkt für Umweltmedizin sehe ich eine immer stärker zunehmende neue Patientengruppe in meine Praxis drängen. Es sind dies Menschen, die unter dem sogenannten Mikrowellensyndrom, - auch Elektrohypersensibilität genannt – leiden, d. h. sie reagieren sofort oder verzögert auf Hochfrequenz emittierende Anlagen mit dauerhaften gesundheitsschädigenden Funktionsstörungen je nach individueller Organanfälligkeit. Schlafstörungen, allgemeine Erschöpftheit, Kopfschmerzen oder Schmerzzustände in anderen Körperbereichen, Sehstörungen, Schwindel, Brechreiz, Benommenheit, Denk-, Konzentrations-, Lern- und Gedächtnisstörungen, Ohrenschmerzen und Ohrgeräusche, Bluthochdruck, plötzliche Beschleunigung der Darmperistaltik; Herzrhythmusstörungen, Verspannung, Nervosität, Gereiztheit oder depressive Verstimmung und Angst bis hin zu Panikattacken, um nur die am häufigsten auftretenden Leiden zu nennen. Mit der weiterhin zunehmenden, ubiquitären Strahlungsintensität zeigen die Beeinträchtigungen meiner Patienten eine immer ausgeprägtere Tendenz, für Schwerst-Betroffene wird es mittlerweile lebensbedrohlich.. Die Liste der durch Hochfrequenz mitverursachten ernsthaften Erkrankungen ist zudem erschreckend lang, in unserer umweltmedizinischen Betreuung beobachten wir vermehrt neurodegenerative Erkrankungen und

Epilepsien, und in unseren Fachorganen häufen sich die Artikel zu Burn out, vorzeitiger Demenz, Schlaganfällen bei immer jüngeren Patienten und zu einem erheblichen Anstieg von Krebserkrankungen. Die Funksensiblen unterscheiden sich im Vergleich zu anderen, mich aufsuchenden Umweltkranken darin, dass bei diesen bisher gesunden und meist jungen Patienten –(viele im Alter zwischen 20 und 40 Jahren)- durch Funkeinwirkungen ganz plötzlich oder langsam zunehmend oben genannte Krankheitsbilder auftraten, die sie schließlich wegen der Schwere der Symptome dazu zwangen, ihren Beruf aufzugeben, in dem sie gern und gut gearbeitet hatten. Viele leben mittlerweile von Hartz IV und haben in der Regel große Mühe, Behörden und den medizinischen Dienst davon zu überzeugen, dass sie nicht arbeitsscheu, sondern krank sind. Sie versuchen mit dem Mut des Verzweifelten sich mit diesem bisher nicht gekannten Leben am Existenzminimum zu arrangieren und in ländlichen, strahlenarmen Bereichen einen Funkarmen Platz zu finden, wo sich ihre Beschwerden noch auf ein halbwegs erträgliches Maß reduzieren lassen.

Fast überall in der Gesellschaft stoßen Funkkranke auf Ungläubigkeit, Unverständnis und Ablehnung, besonders dann, wenn sie sich in ihrer Not anderen zumuten müssen und wegen ihrer einsetzenden Beschwerden z. B. darum bitten, doch das Handy auf Flugmodus bzw. ganz auszuschalten oder weiter entfernt zu benutzen - oder wenn sie ihren Wohnungsnachbarn darum bitten, gemeinsam eine funkfreie Lösung für dessen Smartphone, Schnurlostelefon, W-LAN-Router, Bluetooth oder Babyphone zu finden -

oder wenn sie eine Krankenhauseinweisung verweigern müssen, da alle stationären Einrichtungen inzwischen mit W-LAN ausgerüstet sind oder zusätzlich auf dem Krankenhausdach ein Funkmast steht. Oft sind diese funksensiblen Patienten, die zu mit kommen, sehr tief gefallen: So mussten sie einschneidende Veränderungen in ihrem Lebensbereich in Kauf nehmen, um ihre Beschwerden abzumildern: Der Schlafbereich wird vom letzten Geld abgeschirmt oder an einen funkärmeren Ort, oftmals in den Keller, verlegt. - Der Schlaf ist nur noch im Gartenhaus, im Auto oder Wohnwagen an einer funkarmen Stelle im Wald möglich. - Viele meiner Patienten sind unzählige Male umgezogen, weil sie die Funkbelastung immer wieder einholte.

Diejenigen, welche die häusliche Funkbelastung nicht verringern können, halten sich die meiste Zeit – auch tagsüber – unter ihrem Baldachin auf (wohlgemerkt innerhalb 2 Quadratmetern!) oder sie flüchten in die meist noch weniger belastete Natur, fernab von jeder Zivilisation, um sich dort für kurze Zeit so zu spüren, wie es für sie einmal selbstverständlich war. Diese Strahlensensiblen leben isoliert und ausgegrenzt vom üblichen gesellschaftlichen Leben. Eine Teilhabe am gesellschaftlichen Leben und jeder Gang für alltägliche Besorgungen muss von den Funksensiblen genau geplant werden, um die Krankheitsauswirkungen durch den unvermeidlichen Kontakt mit Handystrahlen durch Mitmenschen, mit W-LAN to go oder durch Funkmasten so gering wie möglich zu halten.

Dies ist ein unhaltbarer Zustand, denn in unserer Verfassung stehen Grundrechte jedem Bundesbürger zu: Artikel 2: Das Recht auf Leben und körperliche Unversehrtheit, Artikel 3: Niemand darf wegen seiner Behinderung benachteiligt werden, Artikel 13: Unverletzlichkeit der Wohnung. Viele meiner Patienten äußern sich daher sehr verzweifelt, sie sind nicht nur arbeitslos und verarmt, viel bedrohlicher wirkt auf sie, dass sie weiterhin von Politik und einer Mobilfunk-gesteuerten Gesellschaft nicht ernst genommen werden.. Zusätzlich verlässt sie angesichts der wachsenden Hochfrequenzbelastung und der ministerialen Ankündigung alle Funklöcher zu schließen bei zunehmenden Krankheitssymptomen aller Mut und jede Zuversicht, jemals wieder ein qualitativ gutes Leben führen zu können.

Etliche geben zu, schon daran gedacht zu haben, ihr armseliges Leben zu beenden. Zwei meiner verzweifelten Patienten haben den Suizid bereits vollzogen, eine Patientin übergoss sich mit Benzin, eine weitere vergiftete sich mit Kohlenmonoxid, eine Dritte konnte in letzter Minute noch gerettet werden. Es ist nicht leicht, als begleitende Ärztin all dieses Leid ohne Möglichkeit einer therapeutischen Hilfestellung seit über 20 Jahren auszuhalten.

Bei einer in gesundheitlicher Hinsicht bereits absolut an der Obergrenze belasteten Bevölkerung bedeutet die geplante ubiquitäre Einführung von 5G mit Millionen neuen Sendeeinrichtungen und tausenden von Satelliten zudem mit den völlig unerforschten neuen Millimeterfrequenzen eine ungeheure Ausweitung der bereits jetzt enormen Hochfrequenzbelastung. Diese aggressive Strahlung durchdringt nicht nur

Häuserwände, sondern ebenso alle lebenden Organismen! All den Elektrosensiblen, die mittlerweile zahlenmäßig die Größenordnung aller an Diabetes Erkrankten in Deutschland erreicht haben und deren Anzahl stetig im Steigen begriffen ist, nehmen Sie mit diesen bevorstehenden Aktionen die letzte Zuflucht, womit ihre Überlebenschancen noch weiter gemindert werden!

Sehr geehrter Herr Homann, sind Sie sich ihrer Verantwortung bewusst? Haben Sie gründlich darüber nachgedacht, was Sie morgen mit dem Beginn einer ganzen Reihe von Frequenz-Versteigerungen an die vier bietenden Mobilfunkbetreiber zur Installation der 5G Technologie lostreten?

Damit werden nicht nur wir Menschen, sondern alle Lebewesen, die ganze Natur als unsere Lebensgrundlage, ganz zuvorderst die Bäume, unsere Ressourcen, unsere Atmosphäre, unser Wetter mit dem bereits kränkelnden Klima, unsere schon jetzt im Sinkflug befindliche Demokratie und nicht zuletzt unser verbrieftes Recht auf Privatsphäre einer in der Menschheitsgeschichte in diesem Ausmaß noch nie dagewesenen lebensverachtenden Zerstörungskraft ausgesetzt. Damit wird die Mobilfunktechnologie und ihr jetziger blindlings abgesegneter weiterer Ausbau zur größten je von Menschen erzeugten Gefährdung für alles Leben auf diesem Planeten.

Als Ärztin ist es mir vollkommen unbegreiflich, dass die oberste Priorität einer Bundesbehörde nicht der Gesunderhaltung aller Bürger, insbesondere der nächsten Generation gilt, sonder auf Prestige und Profit ausgerichtet ist. Ich bitte Sie daher sehr eindringlich, eine andere Sichtweise einzunehmen, die Leben und Gesundheit der Ihnen anvertrauten Menschen und Umwelt als das absolut Wertvollste hochhält. Wenn Sie hingegen den verhängnisvollen Auswirkungen dieser krankmachenden Kommunikationstechnologie morgen Tor und Tür öffnen, indem Sie unseren Äther an eine alles Durchdringende Technologie verscherbeln, wird das Leiden von Mensch und Natur zukünftig gewaltige Ausmaße annehmen und sich auf unsere gesamte Mitwelt und auf alle nachfolgenden Generationen dramatisch auswirken! In der Hoffnung, dass Sie sich der hohen Verantwortung Ihres Handelns bewusst werden angesichts der nicht nur von mir, sonderten ebenso von hunderten von Wissenschaftlern weltweit angemahnten immensen Gefahren grüßt Sie mit großer Besorgnis.

Unterschrieben mit

Barbara Dohmen

Soweit eine Petition und Briefe zur gesundheitlichen Schädigung vieler Personen, vielleicht sogar von Millionen allein in Europa durch die besprochene künstliche Strahlung.

Doch damit noch nicht genug. Aus Nordamerika kam am 27. 8. 2019 die Mitteilung: „Krebsrisiko": Apple und Samsung wegen Mobilfunkstrahlung verklagt. Das soll nachfolgend gebracht werden: Die Einführung der 5G-Technologie feuert die Debatte um die Nutzung von

Smartphones und deren Einfluss auf die Gesundheit der Menschen an.

Gegen die größten Smartphone-Hersteller der USA, Apple und Samsung, wurde nun eine Sammelklage eingereicht. Apple und Samsung sehen sich mit einer Sammelklage konfrontiert, in der behauptet wird, dass die Smartphones der beiden Unternehmen Nutzer Hochfrequenzemissionen aussetzen, die bis zu 500 Prozent über die in den USA vorgesehenen Grenzen hinausgehen. Inzwischen heizt sich die Gesundheitsdebatte um die Nutzung von Smartphones immer weiter an. Die Klage wurde nach einer Untersuchung der Chicago Tribune eingereicht und sagt, dass die Hochfrequenzemissionen einer Reihe von Apple- und Samsung-Smartphones – darunter das iPhone 8, das iPhone X und das Galaxy S8 – "weit über die föderalen Richtlinien hinausgehen." Zu den Risiken solcher Strahlungen gehören "erhöhtes Krebsrisiko, zellulärer Stress, [...] genetische Schäden, Lern- und Gedächtnisdefizite, neurologische Störungen" und noch eine Reihe anderer medizinischer Probleme.

Die Federal Communications Commission (FCC) testet Mobiltelefone anhand ihrer "spezifischen Absorptionsrate", die in Watt pro Kilogramm Körpergewebe gemessen wird. Kein in den USA verkauftes Handy darf den Wert 1,6 Watt pro Kilogramm überschreiten, während die europäischen Regulierungsbehörden großzügigere zwei Watt pro Kilogramm Körpergewicht erlauben. Allerdings halten Gesundheitsaktivisten diese Ebenen für veraltet. Tatsächlich wurden die Richtlinien der Federal

Communications Commission im Jahr 1997 zusammengestellt und basierten größtenteils auf Tests des US-Militärs an einem 100 Kilogramm schweren Soldaten.

Kinder können mehr als 150 Prozent mehr Telefonstrahlung als Erwachsene und bis zu zehnmal mehr Strahlung durch ihre Schädel absorbieren, so einige Forscher. Da es viel wahrscheinlicher ist, dass Kinder öfter moderne Smartphones nutzen als hochrangiges Militärpersonal, seien die Richtlinien der FCC in Bezug auf die spezifische Absorptionsrate unzureichend.

Bisher war keine größere Gesundheitsorganisation in der Lage, eine Verbindung zwischen der Nutzung von Mobiltelefonen und Krebs oder anderen schweren Krankheiten zu beweisen. Eine Reihe von Studien hat jedoch ergeben, dass selbst bei weit unter den von der FCC festgelegten Werten signifikante gesundheitliche Auswirkungen möglich sind. Es wurde festgestellt, dass eine Strahlung, die 2.000 Mal niedriger ist als der Grenzwert von 1,6 Watt pro Kilogramm, die DNA von Laborratten schwächt und ihre Spermienzahl senkt. Eine viermal niedrigere Dosis soll bereits die Wahrscheinlichkeit bösartiger Tumore statistisch erhöhen, während eine Exposition gegenüber knapp der Hälfte des Grenzwertes schon das Schlafverhalten der Nutzer verändert. Mehr lesen: Studie: US-Teenager tauschen Bücher gegen Social Media – Lesen sinkt von 60 auf 16 Prozent.

Keiner der Kläger behauptet, tatsächlich eine Krankheit oder gesundheitliche Probleme erlitten zu haben.

Stattdessen verklagen sie Apple und Samsung – zwei der drei größten Smartphone-Hersteller der Welt – wegen Irreführung beim Kauf potenziell gefährlicher Geräte. Eine Reihe der oben genannten alarmierenden Studien wurden in den 1990er und frühen 2000er Jahren durchgeführt. Doch die heutigen leistungsfähigeren Antennen und unterschiedlichen Übertragungsstandards moderner Geräte bedeuten, dass die tatsächlichen Auswirkungen drastischer sein könnten.

Die bevorstehende Einführung der 5G-Infrastruktur lässt ebenfalls die Alarmglocken läuten. 5G-Mobilfunkmasten verwenden kürzere Radiowellen als ihre Gegenstücke der aktuellen Generation. Das bedeutet, dass die Städte in den USA bei der Einführung des 5G-Netzwerks mehr von den Masten errichten müssen, um die Abdeckung sicherzustellen. Diese kürzeren Wellen breiten sich jedoch mit einer viel höheren Frequenz aus, was bedeutet, dass die Nutzer mehr Strahlung ausgesetzt sein werden. - Die FCC hält 5G dagegen für sicher und verweist dabei auf die Einschätzung der Food and Drug Administration, die besagt, dass "das Gewicht der wissenschaftlichen Beweise keine Verbindung zwischen Mobiltelefonen und Gesundheitsproblemen darstellt."

Dr. Martin Paul, emeritierter Professor für Biochemie an der Washington State University, sagte in einem *RT*-Interview, dass 5G eine "große Bedrohung" für die öffentliche Gesundheit darstellt. Paul wies auf Fortpflanzungsschäden, kardiale Effekte und oxidativen Stress, der "jede chronische Krankheit, an der wir leiden", beschleunigen kann, hin. Der Wissenschaftler

83

kritisierte die US-Regierung dafür, Gesetze zur Beschleunigung der Einführung der 5G-Technologie zu erlassen, sich parallel dazu jedoch geweigert zu haben, die Erforschung der Folgen zu finanzieren. Mit 5G, das ein neues Kapitel in der seit drei Jahrzehnten wütenden Gesundheitsdebatte um die Nutzung von Smartphones verspricht, werden Klagen wie die gegen Apple und Sa msung wahrscheinlich immer alltäglicher werden. (Quelle: https://de.rt.com/1yoi).

Am 18. 11. 2019 hieß dann die Meldung: Bundesregierung will Bau tausender neuer Funkmasten mit Werbe-Initiative begleiten. Die Bundesregierung strebt eine vollständige Abdeckung Deutschlands mit dem neuen 5G-Netz an. Bedenken der Bevölkerung hinsichtlich der enormen Zunahme der Strahlungsintensität und der Zahl der Funkmasten sollen mit einer Kommunikationsinitiative entkräftet werden. – (Dabei kann jeder mit einem Messgerät die hohe Strahlungsintensität messen. Z. B. www.gigahertz-solutions.de .) Grund für die Vorbehalte bei den Bürgern gegen Mobilfunkmasten sei unter anderem die Sorge vor zusätzlicher Strahlenbelastung, welche im Zuge der Einführung des 5G-Standarts erheblich steigen würde. Das Bundesamt für Strahlenschutz hatte bereits vor einigen Monaten gefordert, dass Auswirkungen der verstärkten Strahlung auf die Gesundheit der Bürger untersucht werden müssen. Seitdem scheint dies aber nicht geschehen zu sein. (Quelle unter anderem: www.deutsche-wirtschaftsnachrichten.de .)

Anfang Januar 2020 erhielt ich von dem Sachverständigen für Strahlenschutz Wolff die Mitteilung, dass die Bundesregierung in ihren Meseburger Beschlüssen (November 2019) eine Mobilfunkstrategie beschlossen hat, u.a. mit dem Ziel der schnelleren Durchsetzung von 5G. Daraus etwas zur Gesundheitsfrage: „Besorgt über den wachsenden Widerstand angesichts der Gesundheitsgefahren der Mobilfunkstrahlung, insbesondere zu 5G, will die Regierung eine Informationskampagne für mehr Akzeptanz starten. Ein Ziel: die Planungsverfahren beim Ausbau der Mobilfunk-Infrastruktur sollen schneller werden, und nicht mehr durch Initiativen und Gemeinderäte beeinflusst werden. Diese Reaktion auf den 5G-Widerstand merkt man bereits. Verstärkt kommen in die Presse Artikel, in denen Risiken heruntergespielt werden. Dabei arbeiten offensichtlich die Bundesregierung, das Bundesamt für Strahlenschutz (BfS), die ICNIRP und Stiftungen des Bundes zusammen." Soweit etwas zur Entmündigung der Bürgers – auch auf Kosten ihrer Gesundheit. Dazu die Meldung vom 14. 4. 2021: „5G bei ca. 3,6 GHz als reines 5G Netz und 6G geht dann noch schneller."

Die Warnungen der Ärztin und des Arztes sowie weiterer Ärzte, die Warnungen und Forschungsergebnisse der 12 Professoren bei der Veranstaltung in Mainz über „biologische Wirkungen des Mobilfunks", die Warnungen aus der Schweiz und den USA, sowie die Petitionen an die deutsche Bundesregierung werden einfach ignoriert.

Damit die Kinder auch in der Schule bestrahlt werden, hieß es am 11./12. 5. 2019 (HA) von der deutschen Bundesbildungsministerin Karliczek: „Fördergeld aus dem Digitalpakt kann jetzt fließen" Und das waren dann für 40.000 Schulen mal eben 120.000 € pro Schule. Für jeden Schüler seien das dann 500 Euro. Am selben Tag stand in BILD DEUTSCHLAND, dass 10 Mrd. im Haushalt fehlten – aber ohne die geplanten Gesetzesänderungen, denn dann sollten es 120 Milliarden sein. – Nur von der Umwelt war keine Rede. Und die 40.000 Schulen verbrauchen natürlich auch zusätzlich große Elektro-Energiemengen. Und von der Gesundheit der Kinder ist auch nicht die Rede.

Die „Allianz Eliant" gab deshalb dazu, zusammen mit Steiner und Waldorf (ECSWE+IASWECE), eine Petition Anfang 2021 für bildschirmfreie Kindergärten und Grundschulen an die EU nach Brüssel, die einmal die unteren Klassen und sodann Kinderkrippen und Kindergärten vor hochfrequenter Strahlung schützen sollte. 100425 unterschrieben. Und es klappte: Die EU machte mit.

Doch es geht trotzdem weiter mit dem Strahlungseinsatz: Beispielsweise sollen fahrerlose Busse die Fahrer ersetzen. In Hamburg ist es wohl so geplant, denn man fängt dabei mit Kleinbussen in der Hamburger Kleinstadt Bergedorf an. Ein Leser und Bewohner stellte hierzu am 23. 1. 2021 die Frage: „In welcher Stärke sollen die 5G-Frequenzen hier eingesetzt werden? 5G sind Mikrowellen-Strahlungen, die ab einer bestimmten Dosis schädigend auf Mensch,

Tier und Insekten wirken. So das Ergebnis vieler unabhängiger Testungen. Auch die WHO sah sich veranlasst, 5G-Frequenzen von „möglicherweise" auf „wahrscheinlich krebserregend" hochzustufen. Die EU schreibt das „Vorsorgeprinzip" vor, d. h. Die Unschädlichkeit einer Technologie muss vor ihrer Anwendung bewiesen sein. Bisher hat die Regierung sich aber dem verweigert, trotz dringlicher Bürgeranfragen. (Es wird Funk und Radar eingesetzt.)

Aus den USA kam zu den selbstfahrenden Fahrzeugen am 20. 4. 2021 (HA) die Meldung: „In Texas rast ein selbstfahrendes Auto gegen einen Baum – der Fahrersitz war leer, zwei Insassen starben." Am Tag darauf meinte der Tesla-Chef (HA): „Autopilot war nicht eingeschaltet." Er meinte zusätzlich: „Und selbst wenn, hätte es nicht funktioniert, da die Straße … keine Linienbegrenzung besitzt." - Also „Linienbegrenzungen" müssen die Straßen dann haben. Und die Polizei ermittelte in den USA laut dem Bericht schon in 27 Fällen – wo es wohl daneben ging.

Aber die fahrerlosen Busse reichen noch nicht, denn der Verkehrsminister wollte in Deutschland noch bis September 2021 die gesetzlichen Regelungen für die Zulassung autonom fahrender Autos schaffen. Frau Jeanette Keber schrieb dazu in ihrem Kommentar u. a. (im Bille Wochenblatt 6. 2. 2021): „ ...Wobei mich die Frage beunruhigt: Wer fährt sicherer – der Mensch am Steuer oder die Technik, die den Menschen dann steuert? Technik ist fehlbar, genau wie der Mensch, der diese Technik programmiert. Aber versierte Autofahrer profitieren auch von ihrer Intuition, mit der sie in brenzligen Situationen Entscheidungen treffen. Im wuseligen Stadtverkehr sollten Autofahrer noch eingreifen können und selbst die Lenkentscheidungen treffen." Von der Zusatzstrahlung ist dabei aber nie die Rede.

Am 9. 4. 2021 dann die Meldung (HA) „Ist ein Krieg der Maschinen noch aufzuhalten? Viele Nationen entwickeln autonome Waffen. Ihr Einsatz soll bis 2022 reguliert sein. ..Es droht ein Wettrüsten."

Also: Ob selbstfahrende Autos oder autonome Waffen – und Kriege – oder immer stärkere Strahlung: Der Mensch schädigt die Natur und sich selbst immer mehr – und nennt dies Fortschritt. In den USA wurden Anfang 2021 11.000 Beweisseiten von Umwelt- und Gesundheitsvertretungen zum Schädlichkeitsbeweis in der Anklage wegen 5G gegen die FCC (Federal Communication Commission) mit Schadensbeweisen eingereicht. Dazu rund 2000 Kommentare von Wissenschaftlern, Ärzten, medizinischen Organisationen, den Städten Boston und Philadelphia sowie von hunderten verletzten Personen.

––––––––––––

Kapitel 6:

49 Mobilfunkleiden + das Leidensgedicht.

Wer kann aufs Leben vorbereiten?
Das Smartphone kann's: So die Gescheiten!
Papier und Stift sind beinah Fluch,
vorsintflutlich ist auch ein Buch.
(aus dem Leidensgedicht von Frau Eva Weber)

Zuerst 49 Mobilfunkleiden,
die von Ärzten (z. T. Professoren) in den Texten zuvor genannt wurden:

Stress, unglücklich + radikal, Krebsrisiko (auch durch Radar), Zellschädigung, Immunschwäche, Konzentrationsverlust, Gedächtnisschwäche, Computersucht, psychische Probleme, Kopfschmerzen, Bluthochdruck, Leukämie, Krebs (wenn dicht am Mast), Tagesmüdigkeit, Schlafstörung, Leistungseinbuße, Ohrgeräusche, Ohrenschmerzen, Muskelschwäche, Burn Out, Hyperaktivität, innere Unruhe, Konzentrations- und Gedächtnisschwäche, Neurosen, Depressionen, Veränderungen am Gehirn, der Spermien, der Erbsubstanz, Mikrowellensyndrom, Elektrohypersensibilität, Elektrosensibilität, Erschöpftheit, Tumore, Sehstörungen, Schwindel, Brechreiz, Benommenheit, Herzinfarkt, Schlaganfall, Embolie, Diabetes, Hormonstörungen, Alzheimer, Parkinson, Störung der Fruchtbarkeit.

Dazu dann
das Leidensgedicht:

Bei den Menschen sind sehr viele Elektrosensibel. Prof. Dr. Lebrecht von Klitzing gab dazu am 23. 11. 2016 das Gedicht der sei 12 Jahren durch Mobilfunk geschädigten Frau Eva Weber als Adventsgedicht zwecks Verbreitung weiter. Diese weitere Verbreitung wollte auch Frau Weber. Deshalb bringe ich hier nachfolgend ihr fast unglaubliches Gedicht.
das

Gedicht zur Körperverletzung im Advent :

Advent, warum ein Licht anzünden?
Warum ein Licht für all' die Blinden,
die nur sehen digital,
tut's eine App nicht allemal?

Wer kann aufs Leben vorbereiten?
Das Smartphone kann's: So die Gescheiten!
Papier und Stift sind beinah Fluch,
vorsintflutlich ist auch ein Buch.

Die Gescheiten wollen auch,
dass stets das Smartphone in Gebrauch,
fordern Strahlung überall,
Masten und Wlan ohne Zahl.

Des Menschen Schritte sind zu lenken,
er ist nicht fähig selbst zu denken!
Und mit dem Smartphone in der Hand,
führt man ihn dann am Gängelband.

Man fördert diese Massendroge.
Es freut sich mancher Psychologe,

Kopfschmerz, schlaflos, Kinderleid
sind auch der Pharmafirmen Freud!

So hilft auch schon der kleinste Tropf,
dem nimmersatten Wirtschaftstopf.
Wie es um Kinderhirne steht,
im Digitalwahn dabei untergeht.

Und die, die Technik nicht vertragen,
ständig gegen Wände klagen!
Um deren Leiden zu bewerten,
gibt es entsprechende Experten!

Seit langer Zeit hat sich bewährt,
wer nicht passt, wird nicht gehört.
Das Heil der Welt, es ist nun mal
allein und einzig „digital".

Und jeden Tag wird es noch schlimmer
und die Gescheiten sagen immer:
„Ihr Phobiker, was redet Ihr?
Das ist alles harmlos – das wissen wir!"

Man hat mir einen Mast gebaut,
der strahlen in den Garten schaut
und dort, da sieht es traurig aus,
und ich, ich kann nicht mehr hinaus.

Und die Drosseln, die in Scharen,
auf dem Apfelbaum einst waren,
brauchen nicht mehr um ihn zu werben,
seit diesem Gast liegt er im sterben.
So hat mein Baum aus Sympathie,

wohl auch die Sendemastphobie?

Jeder Spitzbub – Bösewicht,
hat mehr Chancen vor Gericht,
als braven Bürgern sind gegeben,
die eines möchten: Einfach leben.

Der weitere Ausbau ist trotzdem wichtig,
denn den hält eine Mehrheit heut' für richtig.
Der Umwelt- und Lebenserhalt ist dabei
eines Tages für die Menschheit dann vorbei.

Zusätzlich der Hinweis auf den Stromverbrauch.
Tatsächlich wissen Umweltschützer auch:

Der Umwelt- und Lebenserhalt ist dabei -
eines Tages für die Menschheit dann vorbei.

—————————————

Kapitel 7
Wie wird welche Strahlung genannt?

Wenn ab 2040 „Tabak-rauchfrei" gefordert wird (DKFZ), dann sollte auch die Halbierung der Mobilfunkstrahlung (mit hohem Strom- und Gesundheitsverbrauch) gefordert werden.

(Roman Reinke)

Der in Hamburg 1857 geborene Professor Heinrich Hertz unterrichtete ab 1894 an der Universität in Karlsruhe und später in Bonn Physik. Die von ihm entdeckten elektromagnetischen Schwingungen sind die Hauptgrundlage der heutigen Funktechnik, deren Menge und Frequenz dann auch in Hertz (Hz) gemessen wird. 1 Hertz (Hz) = 1 Schwingung pro Sekunde.

Bekannt ist vor allem bei der **Niederfrequenz**: Der Bahnstrom (16 Hz), die Netzspannung (50 Hz) – und bei der **Hochfrequenz**: Radio, TV (rd. 150 MHz), Radar (rd. <1,5 GHz,) und W-Lan (5 GHz). Der Unterschied ist also sehr groß, wenn man bedenkt nur 16Hz beim Bahnstrom, Radio und TV rund 150 Megahertz (=MHz=150×10^6 Hz) und W-Lan = Strahlung überall im Hause = 5 GHz = 5×10^9Hz.

Aber zusätzlich erfand der 1856 in Kroatien geborene Physiker Nikola Tesla den üblichen Zweiphasenstrom zur elektrischen, drahtlosen Energieübertragung zu nutzen, der heutigen Grundlage der Mobilfunkstrahlung für Smartphones, Handys bis zur künstlichen Intelligenz und den Bussen ohne Fahrer. Tesla (T) ist die SI-Einheit der magnetischen Flussdichte. 1 T=1V x s/m^2. Dies wurde aber erst 1960 nach ihm benannt.

Und 1881 legte der internationale Elektrizitätskongress das Volt (nach dem italienischen Physiker Allessandro Volta) als Einheit für die elektrische Spannung und das Ohm (nach dem deutschen Physiker Georg Simon Ohm) als Einheit für den elektrischen Widerstand fest. Ganz nebenbei gibt es zusätzlich noch die bislang kleine, paneuropäische Partei „Volt".

Aber zusätzlich entdeckte der schottische Wissenschaftler James Watt (W) auch noch den Energieeinsatz pro Zeitspanne. 1W=1 x kgm^2 /s^3 = 1V x A.

Auf der Rechnung für den Stromverbrauch für Privat- und Geschäftsleute steht dann aber die per Kabel mit 220 Volt Spannung gelieferte Strommenge in Kilowattstunden (kWh). Eine Kilowattstunde (kWh) entspricht dann der Menge an Energie, die innerhalb einer Stunde mit einer Leistung von 1 kW=1000 Watt produziert oder benötigt werden, z. B. Eine 100 Watt Glühbirne verbraucht in 10 Stunden 100Wx10=1.000 W = 1 kW, und Watt x Stunden Verbrauch/1.000=kWh. Wenn dann ein 2 Personen-Haushalt im Jahr 2.000 kWh verbraucht, ist das bereits ein guter Wert.

Das reicht aber alles noch nicht: Der französische Physiker Ampere (A) erfand die Basiseinheit der elektrischen Stromstärke und zugleich die SI-Einheit der abge- leiteten Größe magnetischer Durchflutung: 1A=1 x W/V.

Die magnetischen Wechselfelder entstehen immer dann, wenn Strom verbraucht wird, durch fließenden elektrischen Strom in Elektroleitungen, Geräten, Transformatoren, Motoren, Maschinen und Glühbirnen. Gemessen wird die Magnetische Feldstärke in Ampere pro Meter (A/m), die magnetisch Flussdichte in Tesla (T) oder Mikrotesla (μT) in der Baubiologie in Nanotesla (nT).

Zur Feststellung der Schädlichkeit für die Gesundheit, auch als baubiologischer Richtwert, wird meistens zuerst die **Leistungsflussdichte in μW/m²** für Hoch- und Niederfrequenz bei den Grenz-, Richt- und Vorsorgewerten gemessen.
Dabei ist die
Schädlichkeit für den Schlafbereich:
keine = < 0,1 (bei Erdkabel < 1)
schwach = 0,1 – 10 μW/m² und
stark =10 – 1.000 μW/m².

Der „Bund für Umwelt und Naturschutz Deutschland e. V." (BUND) schlug dazu bereits 2008 bezüglich der Schädlichkeit einen Grenzwert von 1 μW/m² für Innen und Außen vor. Also höchstens den unteren Wert der schwachen Schädlichkeit.

Da die Erkundung der Schädlichkeit oft nicht so einfach ist, machen dies vor allem die sogenannten Baubiologen. Sie wurden und werden zum Teil vom später genannten Dr. Moldan ausgebildet. Als Anbieter für Baubiologen gibt es:

1. Das Institut für Baubiologie + Nachhaltigkeit. institut@baubiologie.de + www.baubiologie.de .
2. VDB – Berufsverband Deutscher Baubiologen e.V. iinfo@baubiologie.net www.baubiologie.net .
3. VB – Verband Baubiologie e. V. info@verband-baubiologie.de. + www.verband-baubiologie.de

Alternativ kann sich jeder sehr gute Messgeräte kaufen oder ausleihen, wie es im nächsten Kapitel beschrieben wird, und dann kann er in Ruhe auch immer wieder selbst messen.

Kapitel 8
Wie hoch und schädlich ist die Strahlung?

*Befreien sie Ihren Schlafplatz von schädlichen
Strahlen.*
(Dr. von Rosen in seinem Buch .)

Ganz wenig Strahlung, wie beispielsweise weniger Sonne, ist auch ganz wenig gefährlich oder ungefährlich. Mehr Strahlung, wie sie der heutige Mobilfunk bringt, kann je höher desto gefährlicher für die Gesundheit von Mensch und Tier werden.

Zu viel Strahlung durch das Sonnenlicht ist bekanntermaßen auch schädlich. Noch schlimmer ist aber das künstliche Sonnenlicht im Solarium: Am 6. 4. 2021 (HA) war aus Berlin von der Deutschen Krebshilfe und der Arbeitsgemeinschaft Dermatologische Prävention (ADP) zu lesen: Experten warnen: Hautkrebsgefahr steigt deutlich, Immunabwehr sinkt kurzfristig. Da dies bei zu viel Sonne ähnlich ist, ist es natürlich richtig. Gleiches gilt auch, nur noch stärker, für Röntgenräume von Ärzten.

Also Schutz vor Strahlung: Dr. med. von Rosen schrieb in seinem Buch „Die Dr. von Rosen Kur. (im max LQ Verlag 2020): „Befreien Sie Ihren Schlafplatz von schädlichen Strahlen." Und er nennt dazu Fernsehgeräte, Mobiltelefone und Radiowecker. Er ist auf Grund seiner langjährigen Erfahrung sicher, dass auch zusätzlich der Schlafplatz mit evtl. Wasseradern darunter von Bedeutung ist. Oft genügt es dann schon, das Bett zu verschieben. Aber noch genauere Möglichkeiten sollen nachfolgend beschrieben werden:

Die Firma Gigahertz Solutions GmbH, Am Galgenberg 12, 90579 Langenzenn, Tel.: 09101/90930, www.gigahertz-Solutions.de stellt dazu erstklassige Messgeräte zur Strahlungs-Messung mit zweijähriger Garantie her.

In der Gebrauchsanleitung wird dann genau das bei der Messung zu beachtende beschrieben.

Der „Bund für Umwelt und Naturschutz Deutschland e. V." (BUND) schlug ja, wie schon im Vorkapitel gesagt, bereits 2008 bezüglich der Schädlichkeit einen Grenzwert von 1 $\mu W/m^2$ für Innen und Außen vor. Also immerhin noch eine schwache Strahlung. Aber oft ist die Strahlung erheblich höher – und wird immer mehr. Und die zuvor beschriebenen Krankheiten werden dann auch immer mehr.

Nahe Hochspannungsleitungen, Sendemasten und in öffentlichen Verkehrsmittel konnte ich immer erheblich mehr messen. In den Verkehrsmitteln besonders dann, wenn alle ihr Handy oder Smartphone bedienten. Immerhin benutzen in Deutschland 56 Millionen ein Smartphone (dpa/HA/26. 2. 2021).

Deshalb sollte unter Berücksichtigung der oft schnellen Veränderungen öfter und genau gemessen. Die Firma beschreibt als Messgeräte Lieferant in ihrer Bedienungsleitung genau, wie dies gemacht werden muss.

Die im nächsten Kapitel noch einmal genannte Firma für die Abschirmung gegen Strahlung: YSHIELD GmbH & Co KG, Rotthofer Str. 1, 94099 Ruhstorf, Tel.: 08531-31713-0. siehe auch www.shield.com hat im Angebot auch viele Messgeräte und sogar den Verleih von Messgeräten im Mietkoffer. Für 7 Tage kostet es z. B. ab 59,90 € für HF (800-2.700 Mhz)+NF (16 Hz-2kHz). Wenn man dann Materialien zur Abschirmung von der Firma kauft, kann man die Geräte noch 2 Monate kostenlos zur Abschirmungsüberprüfung behalten. Doch mehr dazu im nächsten Kapitel.

Die schädlichen Messergebnisse steigen natürlich, wenn W-LAN statt Leitungszuleitung für die PC, Bildschirme und Fernseher eingebaut wird, vor allem aber, wenn von außen die Strahlung immer mehr wird, um den Empfang für die Geräte ohne Kabelanschluss, wie Smartphones laufend zu verbessern.

Deshalb erfolgte auch im Februar 2021 von „Diagnose: Funk" (siehe Anhang) an die EU die Petition: „Für WLAN- und bildschirmfreie Grundschulen, für die Wahlfreiheit der KiTas und Schulen, Unterricht auch ohne WLAN und digitale Geräte durchführen zu können, dafür läuft die Petition des Bündnisses für humane Bildung. Die Digitalisierung gefährdet die Gesundheit unserer Kinder."

Im Monat zuvor erfolgte die schon genannte Petition: „Für ein Recht auf bildschirmfreie Kitas, Kindergärten und Grundschulen durch das ELIANT-Team, von Frau

Dr. med. M. Glöckler. Es ist die Alliance ELIANT, Rue du Tröne 194, B-1050 Brüssel.

Bezüglich der Abstände von Hochspannungsleitungen gibt es wegen der Schädlichkeit für die Gesundheit schon einige – aber wohl teilweise nicht ausreichende – Gesetze: So regelt die 26. Bundes-Immissionsschutzverordnung (26. BImSchV) wie hoch maximal die magnetischen Wechselfelder bei z. B. 50 Hz sein dürfen: 200/2 µT = 100 µT. Aber es soll minimiert werden. Sodann werden Mindestabstände durch das BBIP und ENLAG in Deutschland vorgeschrieben. Und in einigen deutschen Bundesländern gibt es Abstandsbestimmungen oder Empfehlungen.

Anders ist es zum Teil in anderen Ländern. So wird in der Schweiz durch die Verordnung über den Schutz vor nicht ionisierender Strahlung (NISV) für Orte mit empfindlicher Nutzung (OMEN) ein Grenzwert von maximal einem Mikrotesla bei Auslastung der Leitungen vorgeschrieben.

Und ganz nebenbei: Nicht nur die Menschen, sondern auch Bienen, Vögel, weitere Tiere und alle Pflanzen werden geschädigt. Bienen und Vögel werden erheblich weniger und die Bäume verlieren im Strahlungsbereich die Blätter und die Baumteile gehen ein.

Kapitel 9

Strahlungsvermeidung und -abschirmung

Im § 223 StGB steht (1) Wer eine andere Person körperlich misshandelt oder an der Gesundheit schädigt, wird mit Freiheitsstrafe bis zu fünf Jahren oder mit Geldstrafe bestraft. (2) Der Versuch ist strafbar.

Zuerst noch einmal zur Körperverletzung: Wenn der Radfahrer einen Fußgänger auf dem Fußweg umfährt und der verletzt ist, so ist dies Körperverletzung. Dazu sagt der § 223 StGB (1) Wer eine andere Person körperlich misshandelt oder an der Gesundheit schädigt, wird mit Freiheitsstrafe bis zu fünf Jahren oder mit Geldstrafe bestraft. (2) Der Versuch ist strafbar. Gilt dies auch hier?

Gilt dies nicht auch bei der durch Ärzte und weitere Fachleute genannten Körperverletzung durch Strahlung? - Oder sollte die Einhaltung der Gesetze verlangt werden? Mit Petition an den Bundestag oder Anzeige?

Am 20. 5. 2020 reichte die KOMPETENZINITIATIVE zum Schutz von Mensch, Umwelt und Demokratie e. V. eine juristische Klage mit dem Ziel ein, Mobilfunkanlagen in Wohnraumnähe gesundheitsverträglich zu machen. Die Initiative organisierte auch die Tagung im Kurfürstlichen Schloss Mainz am 4.-6. Okt. 2019. Es wurde um eine Spende für die Prozesskosten gebeten. (Rückfragen unter kscheidsteger@ty4c.com .)

101

Die Goethe-Stiftung Basel zeichnete die Kompetenz - initiative bereits 2009 für ihr internationales Umweltengagement aus. Geschäftsstelle, Parallelstr. 26, 66125 Saarbrücken. Vorsitzende: Prof. Dr. rer. nat. Babilon, Prof. Dr. rer. nat. Buchner, Dr. Phil Ludwig, Prof. Dr. phil. Richter (Anschrift im Anhang)

Im Kapitel 3 stand als Strahlungsvermeidung fast am Schluss: **Immerhin rät inzwischen das Bundesamt für Strahlenschutz zu persönlich vorsichtigem Umgang mit der Mobilfunktechnologie und empfiehlt die Verwendung von kabelgebundenen Endgeräten.** - Also: Telefon, PC und Fernsehen über Kabel.

Aber nicht nur im Hause, sondern auch als Zuleitung von außen kann dies über Kabel aus Glasfaser oder Stahl erfolgen – und erfolgt es heute auch meistens. Besonders in Schulen und Kitas sollte die Zuleitung von Telefon, PC-Bildschirmen zum Lernen und Fernsehen über Kabel erfolgen – und nicht über die Strahlung von W-Lan. Draußen ist dann die immer mehr ausgebaute Strahlung z. B. durch 5 G nicht unbedingt erforderlich.

Zusätzlich gibt es noch die vom Bundesgesundheitsamt als gefährlich eingestufte Radonstrahlung. Radon ist ein radioaktives Gas, das sich unbemerkt in Häusern aus dem Boden kommend anreichern kann. Es soll nach Tabakrauch die häufigste Ursache für Lungenkrebs sein. Radonstrahlung aus dem Erdreich aufsteigend gibt es aber nicht überall. Es müssen deshalb alle

Bundesländer in Deutschland Gebiete mit hohen Radonvorkommen ermitteln und bekannt geben.

Die Häuser müssen gegen Eintritt des Radongases geschützt sein. (Messgeräte z. B. www.sarad.de). Sie sollten aber auch gegen die Strahlung naher Überland-Stromleitungen und der Strahlung von Sendemasten und 5G geschützt werden.

Und zunächst: **Fernsehen, PC und Telefon nicht über W-Lan, sondern (wie zuvor auch vom Ministerium gefordert), über Kabel erreichen. Doch in dem Anschlussraum der Erdzuleitung an die einzelnen Zuleitungskabel ist oft ein vielfaches der selbst vom Bund genannten Höchststrahlung von 1 $\mu W/m^2$ vorhanden.** Dies kann z. B. mit dem Polyestervlies HNV 100 der später genannten Firma YSHIELD gut abgeschirmt werden. Z. B. 2,0m Länge bei 90 cm Breite. Und die Strahlung ist weg. Selbst beim Telefon und allen Elektroleitungen ist ein kurze Abstrahlung vorhanden.

Von den später genannten Firmen werden eine unglaubliche Menge von Schutzmaterialien zum Schutz des Hauses, der Wohnung oder des Körpers angeboten - sowie Bettenabschirmung. Fast alle Krankheiten, die in den vorhergehenden Kapiteln krankheitsverursachend genannt wurden, könnten dadurch wohl auch geheilt oder ganz verhindert werden. Fangen wir an mit:

Die Abschirmung von Haus und Wohnung:
Als Architekt habe ich die Häuser oft abgeschirmt gebaut. Aber viele wollen heute vor allem einen guten

Empfang haben. Deshalb stellte z. B. die Firma Bauer ihre Abschirmprodukte nicht mehr her. Aber abschirmende Bauprodukte machen wohl noch die Firmen Knauf (Gipskartonplatte La Vita), Linzmeier (LINITHERM PAL Wärmedämmung www.linitherm.de ,) und KS protect macht oft noch auf besondere Bestellung abschirmende Kalksandsteine, Siehe sodann auch unter www.forum-elektrosmog.de und www.bfs.de . Immer mehr Häuser werden jetzt auch aus dem knapper werdenden Holz gebaut. Dies hält aber kaum Strahlung ab. Von innen oder außen sollte dann abgeschirmt werden.

Mittel zum zertifizierten Strahlenschutz von Alt- und Neubauten gibt es vor allem von den Fachfirmen:

- Biologa Danell GmbH, Hauptstr. 27, 72336 Balingen, Tel.: 07433 95 71 72, siehe auch www.biologadanell.com/Kooperation-BiologaDanell und von
- YSHIELD GmbH & Co KG, Rotthofer Str. 1, 94099 Ruhstorf, Tel.: 08531-31713-0. siehe auch www.shield.com

Dort gibt es umfangreiche Hilfe gegen die vielen möglichen Gesundheitsprobleme, wie sie zuvor beschrieben wurden.

Die Firma YSHIELD berichtet z. B. über sich: „Mit unseren Produkten schirmen Sie professionell und erfolgreich elektro-magnetische Felder (Elektrosmog) ab. Anwendungsbereiche sind einzelne Wände, komplette Zimmer und Gebäude bis hin zu komplexen industriellen Anwendungen. Wir liefern zu allen Produkten Gutachten bis 40 Gigahertz. Kunden in über 150 Ländern vertrauen auf unsere Produkte." - Man sieht dabei auch, dass die Probleme weltweit vorhanden sind.

Und dann gibt es noch in einigen Gebieten die Radonstrahlung und die radioaktive Strahlung: Siehe darüber aber das nächste Kapitel.

Der Wünschelruteneffekt und Messgeräte. In diesem Zusammenhang verweise ich zusätzlich auf die in den Kapiteln 16 und 17 durch Ärzte besprochene Schädlichkeit der Mobilfunkstrahlung.

Wer nun neu baut, könnte vielleicht gleich sein Haus abgeschirmt bauen. Dazu kann er zur Beratung – evtl. über die Dr. Moldan Umweltanalytik, Am Henkelsee 13, 97346 Iphofen www.drmoldan.de, Baubiologen befragen und messen lassen.
Als Architekt habe ich früher die Häuser oft abgeschirmt gebaut. Aber viele wollen heute vor allem einen guten Empfang haben. Deshalb stellt z. B. die Firma Bauer, wegen der fehlenden Nachfrage, ihre E-Protekt Abschirmprodukte nicht mehr her. Aber Knauf macht wohl noch die Gipskartonplatte La Vita für innen (Tel.: 01805/31-10 00 www.knauf.de), und Linzmeier macht wohl noch die LINITHERM PAL Wärmedämung Tel.:07371/18060 www.linitherm.de und KS protect machte noch auf besondere Bestellung abschirmende Kalksandsteine (Tel.: 09092/221 www.ks-protect.de). Siehe sodann auch unter www.forum-elektrosmog.de – www.bfs.de.de - www.handywerte.de .

Ganz nebenbei: PC, Fernseher und Telefon sind auch gut über Kabel zu erreichen. Die Telecom baute dies bislang auch ein. Und außerdem bietet die Firma Biologa Danell GmbH abschirmende Produkte im Niederfrequenzbereich an. Dazu gehören Elektroinstallationsmaterialien, Steckdosenleisten, Netzabkoppler und die Hochfrequenzabschirmung für baubiologisch gestaltete Bereiche. Hinzu kommen abschirmende Farben und Stoffe, auch verarbeitet in Baldachinen und Wäsche als Schutz vor hochfrequenter Strahlung. www.biologa.de .

Nach Studie der Universität der Bundeswehr in Neubiberg ist auch die Abschirmwirkung von Wärmeschutzgläsern und Aluminium hoch.

Bei der Abschirmung von Haus oder Wohnung: Zuerst erkunden, woher welche Strahlungsgröße kommt: Sind Hochspannungsleitungen, Sendemasten, Bahnlinien oder Transformatorenanlagen in der Nähe? Bei letzteren sind 5-10m oft ausreichend. Aber bei den anderen 3 Verursachern sollte über 24 Std. teilweise gemessen werden, weil die Last schwankend ist. Oder was kommt vom Nachbarn? **Wie beim Kriminalfilm ist irgendwo und irgendwer der Hauptübeltäter.** Dazu gehören aber auch Steckdosenleisten, Netzabkoppler und die Hochfrequenzabschirmung für baubiologisch gestaltete Bereiche. Zur Abschirmung werden alle speziell notwendigen Materialien angeboten.

Die
Abstandsempfehlungen sind:

Umweltinstitut München		Diagnose:Funk
		<20nT
110 kV	100 m	> 80 m
220 kV	120 m	>120 m
380 kV	180 m	> 240 m

Mit dem digitalen Elektrosmog Analyser kann man die elektrische Feldstärke in V/m oder die magnetische Flussdichte in nT messen. Zusätzlich gibt es noch für Tag und Nacht die **Richtwerte der EUROPA EM 2016** für Orte > 4 Std. Aufenthalt: i. M. 100 nT und Maximum 1.000 nT. Für empfindliche Personen 30 nT und 300 nT als Maximum.

Zum Haus oder Wohnung abschirmen gibt ausreichend Materialien, die je nach der Strahlungsbelastung ausgesucht werden können. Da gibt es: Abschirmfarben (vom TÜV-Süd zertifiziert), Faser Additiv, Grundierkonzentrat, Armierungs- und Polyestergewebe, Polyestervlies, Edelstahlgewebe, Magnetfeld Ab-Schirmfolie zur Abschirmung magnetischer Wechselfelder, Fensterfolien Abschirmstoffe und sogar Vorhänge nach Maß genäht.

Die Direktabschirmung des Menschen:
Für das Gehen außerhalb dem abgeschirmten Wohnen gibt es das abschirmende Langarm T-Shirt mit Kapuze aus Silver-Elastic mit Hose Teu (279,80 €) und auch eine Unterhose aus Silver-Elastic sowie Kopftücher oder Kopfschutz allgemein. Für das Schlafen innen gibt es dann Einzel- und Doppelbettabschirmungen und Bodenunterlagen, Bettwäsche, Betten, Kissenbezüge, und Schlafhüllen. Für das Wohnen dann: Eine Decke,

Sofakissen und Sitzunterlagen. Und ganz nebenbei: Arztpraxen müssen immer die Räume mit Röntgengeräten abschirmen.

Seit 2015 gelten auch:
Baubiologische Richtwerte für Schlafplätze:

für magnetische Wechselfelder	unauffällig	schwach auffällig	stark auffällig
Flussdichte (nT)	< 20	20-100	100-500

Da im Büro gearbeitet und nicht geschlafen wird, dazu noch weitere Hinweise zur dort notwendigen Strahlungsvermeidung, da die Richtwerte für Schlafplätze dort ja nicht gelten.

Die Abschirmung am Arbeitsplatz:
Eine Beratung kann auch über die Dr. Moldan Umwelt -analytik, Am Henkelsee 13, 97346 Iphofen www.drmoldan.de erfolgen. Dort kann man auch Adressen von örtlichen Baubiologen erfragen.

Er schrieb auf seiner Website u. a.: „Als ich vor einigen Jahren zu einer großen, international tätigen Bank gerufen wurde, waren bei den Mitarbeitern in einem Gebäudetrakt Kopfschmerzen, Bluthochdruck und ständiges Unruhegefühl sowie überdurchschnittliche Krankheitstage vorhanden. Schon eine Schnell-Analyse zeigte eine unnötig starke Hochfrequenzbelastung, die anschließend eindeutig als Ursache identifiziert werden konnte. Die Lösung: Umstellen der Computer und Drucker von WLAN auf LAN (Netzwerkkabel) und

Minimierung der Sendeleistung der Repeater für schnurlose DECT-Telefone.

Wir messen die IST-Situation, bewerten die Ergebnisse, suchen nach den Verursachern für ggf. erhöhte Belastungen und zeigen Ihnen Wege zur Reduzierung oder Vermeidung auf." Weitere Anmerkungen der Website erfolgten bereits im Kapitel 3.

In Deutschland hat zu den Arbeitsplätzen die Bundesanstalt für Arbeitsschutz und Arbeitsmedizin (bauma – www.bauma.de/tremf) die „Verordnung zum Schutz der Beschäftigten vor Gefährdungen durch elektromagnetische Felder" (EMFV) sowie „Technische Regeln zu Arbeitsschutzverordnung zu elektromagnetischen Feldern (TREMF) herausgegeben. Dies sollte auch befolgt werden. Wird es aber oft nicht.

Die Firma Imtron GmbH stellt z. B. Tastaturen für PC her. Sie schreibt in der Gebrauchsanweisung: „Gesundheitsrisiken: Bei extrem langer Benutzung von Eingabegeräten kann es zu gesundheitlichen Beschwerden wie Unbehagen oder Schmerzen kommen. Legen Sie regelmäßig Pausen ein und holen Sie bei wiederkehrenden Problemen ärztlichen Rat ein."

Also:
Arbeitgeber und Arbeitnehmer passt auf. Es geht um die Gesundheit:
Nachmessen oder einen Baubiologen beauftragen und weniger Strahlung. - Doch all' dies nützt nichts, wenn man sich selbst dumm und das Haus clever haben will. „Smart-Home-Geräte verrichten bereits in vielen Haushalten ihren Dienst." (HA 24./25.4.2021): „Das Türschloss öffnet sich, sobald sich ein Bewohner

nähert. Der Staubsauger arbeitet sein Programm ab. Licht, Heizung, Rollläden, Grundstücks- und Hausüberwachung"...alles regelt sich über das Tablet – und meistens auch über W-Lan. „Schädliche Strahlung" überall.

Kapitel 10
Die Radon- und radioaktive Strahlung

Ob das Edelgas Radon die Wohnung vergiftet, bekommen Hausbewohner oft gar nicht mit. Doch die Belastung ist messbar.
(Katja Fischer in Ihrem großen Radon-Bericht zu Pfingsten 2021 im Hamburger Abendblatt)

Und die Autorin zitiert den Fachmann Hoffmann des BfS wie folgt: „Radon gilt weithin als regionales Problem für Bewohner in Mittelgebirgen wie dem Schwarzwald oder dem Erzgebirge. In der Tat kommt es dort, geologisch bedingt, sehr häufig vor. Aber auch als Bewohner anderer Regionen, wie Berlin oder Norddeutschland, kann man betroffen sein. Das Gas entsteht in ganz Deutschland."

Und sie berichtet von dem BfS-Fachmann weiter, dass die Keller ein klassisches Eintrittstor für diese Strahlung sind, „denn das Radon kommt ja aus dem Boden."

Und Herr Marc Ellinger vom Verband Privater Bauherren (VBP) wird zitiert mit: „Radon dringt zum Beispiel durch Risse und Durchlässe, aber auch durch Nahtstellen zwischen Baugrund und Gebäude ein." Er riet unbedingt zu einer Radonmessung und sagte dazu: „Ein Grundstück kann stark von Radon belastet sein, eines, das ein paar Meter entfernt liegt, aber nicht." Trockene Sandböden lassen von unten - und schlecht abgedichtete Versorgungsleitungen von der Seite - lassen Radon leichter eintreten.

Laut BfS sollen Messungen von Messlaboren nur 30-50 € kosten. Hinzu kommen aber die An- und Abfahrten sowie eine größere Messanzahl.

„Doch die Belastung ist (auch selbst) messbar." - Schon ab 19 € gibt es Messgeräte zu kaufen, ja selbst bei Amazon gibt es sie.

Der genannte Herr Hoffmann sagte zu den Messungen: „Der Referenzwert beträgt 300 Becquerel pro Kubikmeter Innenraumluft". Aber „ab Werten von 100 bis 200 sollte man schon überlegen, wie man Abhilfe schaffen kann."

Erlauben Sie hierzu die Architekten-Hinweise: Also messen Sie.- Man kann aber auch überall eine dicke Folie unter eine Betonsohle unterlegen. Man muss vor dem Betonieren sowieso Folie unter eine Haus-Betonsohle legen. Die solle dann einfach rund 1 Meter über die Sohle hinausgehen, damit das Radon nicht in die geöffneten Fenster zieht. Und unter die Terrassenplatten könnte man ebenfalls Folie zur Radonabschirmung legen, denn dort sitzt man ja im Sommer.

Lassen Sie mich zuletzt noch kurz auf die bei Arztpraxen durch Röntgengeräte und nahe Atomkraftwerken evtl. vorkommende radioaktive Strahlung eingehen: Hoch schädlich ist sie – und sollte immer mit Alufolie oder dergleichen abgeschirmt werden. Den Geigerzähler als Messgerät gibt es schon ab 89,90 €. - Also kaufen.

Kapitel 11
Die sparsame und gesunde Alternative

Wir sind heute wie nie zuvor von einem Chaos technischer elektromagnetischer Wellen umgeben, das keiner mehr im Griff hat.

(Dr. Stefan Spaarmann an die Bundestagsabgeordneten)

In der Technik, bei der Aufnahme von Asyl suchenden, überall will Deutschland voranschreiten. Ich erinnere nur an „am deutschen Wesen soll die Welt genesen", - oder z. B.: Für fliegende Fledermäuse wird mit Millionen eine Autobahnbrücke gebaut, - oder Millionen für PKW-Maut Messgeräte, die man nicht brauchte, oder Millionen für E-Laster Autobahnleitungen, die fast kein LKW braucht, da sie noch mit Diesel und später evtl. mit Wasserstoff fahren.

Aber ähnlich ist es vielleicht auch mit dem derzeitigen Mobilfunk. Denn es könnte auch bald mit der unschädlichen Licht-Strahlung gehen, wie Dr. Spaarmann schrieb. – Doch geht Deutschland noch voran – oder hinterher, wie es im nächsten Kapitel beschrieben wird?:

Dr. Spaarmann schrieb in einem Brief an die Bundestagsabgeordneten über die schlimme Situation der heutigen Kommunikation, der deshalb Licht als Alternative zu den gesundheitsschädlichen Mikrowellen beschrieb.
Daraus zunächst ein Auszug. Es beginnt mit:
Die Situation.
Wir sind heute wie nie zuvor von einem Chaos technischer elektromagnetischer Wellen umgeben, das

keiner mehr im Griff hat. Am wenigsten die Verantwortlichen. Inzwischen reagieren mehrere Prozent der Bevölkerung (mit steigender Tendenz) darauf mit körperlichen Allergien (EHS Elektro-hypersensibilität); 30 % der Bevölkerung sind zumindest beunruhigt – und das mit Recht. Aber verzichten möchte keiner auf die Bequemlichkeiten der Technik, im Gegenteil, es ist eine Sucht nach mobiler Kommunikation entstanden – für die Industrie ein willkommenes Goldeselstreck-Dich-Szenario, eine Neuheit jagt die andere. Die Regierungen wissen nicht, was sie tun sollen…." (Das war alles im Online-Flyer vom 23. 2. 2019 der NRZ.)

Und dann der offene Brief an die Mitglieder des Deutschen Bundestages:

Dazu schrieb zunächst die Zeitung: Liebe NRhZ-Leser/innen, Sie können Ihrerseits, wenn Dr. Spaarmanns Beitrag Sie überzeugt hat, seinen offenen Brief gern ebenfalls – mit Ihrer Adresse als Absender – an Ihre lokalen Bundestagsabgeordneten bzw. an die Fraktionen im Bundestag senden. Ihre NRhZ-Redaktion –

Und dann kamen die Adressen der Fraktionen: CDU/CSU – fraktion@cducsu.de , SPD – buergerservice@spdfraktion.de Grüne – info@gruene-bundestag.de , FDP – fraktion@fdp.bundestag.de , Die LINKE – fraktion@linksfraktion.de

Und nun kommt die einmalige und gesunde Alternative zur schädlichen Strahlung:

Dr. Stefan Spaarmann

Sehr geehrte Damen und Herren,
ich wende mich an Sie wegen der Folgen des gegenwärtig äußerst fahrlässigen Umgangs mit Mikrowellen, aber auch anderer technischer Funkstrahlung und elektromagnetischer Felder für die Volksgesundheit und die Umwelt, und wegen der damit verbundenen horrenden Energieverschwendung. Die heute praktizierte, angeblich moderne Technik der mobilen Kommunikation in all ihren Schattierungen erfüllt zwar die induzierten Wünsche der Konsumenten, aber sie ist genau so wie die „digitale Dividende" entgegen anderslautender Beteuerungen veraltet, weil die Art der physikalischen Signal-Übertragung Mensch und Umwelt generationenübergreifend schadet. Das zeigt die Praxis, und das zu ignorieren oder zu verdrängen ist kurzsichtig.

Ich wende mich deshalb an Sie zweitens wegen der ungenügenden Förderung des einzigen Auswegs aus diesem Dilemma, der Nutzung der optischen Nachrichtentechnik für die mobile Nachrichtenkommunikation. Licht ist als Datenträger leistungsfähiger und unser unverzichtbares Lebenselixier. Technische Funkwellen sind unseren Sinnen weitgehend unzugänglich, es gibt keine rechtzeitigen Warnsignale. Technisch steht diese Technik am Ende ihres Entwicklungszyklus wie dereinst die Dampfmaschine.. Sie genügt nicht den künftigen Anforderungen. Wireless Optics ist ein technisch unverzichtbarer und gesundheitspolitisch vernünftiger smogfreier „grüner" Ausweg für die Kommunikation. Hier bahnt sich ein revolutionärer Wandel an.

Absprachen, eine wissenschaftlich überholte Gesetzgebung und gefällige Auftrags-Wertungen von Wissenschaftlern, die ihre Hausaufgaben in Quantenphysik nicht gemacht haben, blockieren noch den Paradigmenwechsel im Umgang mit nicht ionisierender Strahlung. Dadurch fehlen geschäftlich Anreize für innovative Aktivitäten des unternehmerischen Mittelstandes. Die 26. Bundesimmissionsschutzverordnung muss völlig novelliert werden, sie ist wegen der unwissen-schaftlichen Grenzwertfestsetzung eine Innovationsbremse. Sie wurde auf Grund vermeintlicher wirtschaftlicher Interessen und einer Physik des 19. Jahrhunderts formuliert und passt nicht mehr in unsere Zeit. Sind die Bremsklötze entfernt, wird es weltweit einen derart starken Aufschwung der allumfassenden Kommunikation geben, dass man das nur als technische Revolution bezeichnen kann.

Länder wie Korea, Japan, Vereinigte Staaten, England sind uns bereits weit voraus, wenn es um eine landesweite Glasfaserinfrastruktur bis hin zum Kunden geht. In diesen Ländern treiben große Firmenkonsortien die Entwicklung der mobilen Kommunikation mit Licht voran. Wo aber bleicht Deutschland, das im universitären Bereich gute Voraussetzungen hat? Hier müssen wir einen Sprung nach vorn machen und endlich mitmischen. Es bieten sich einmalige Chancen im Hightech-Wettbewerb der Nationen an, die nicht zu nutzen äußerst unklug wäre. Wollen wir uns im internationalen Wettbewerb weiter auf ein wenig Standartisierungsaufgaben beschränken und ansonsten auf den Reimport dieser Zukunftstechnologie warten, oder wollen wir unsere Vorteile wahren und voran gehen?

Ich bitte Sie, widmen Sie diesem Thema Aufmerksamkeit und fordern Sie von der Regierung Rechenschaft. Neben der ökologischen Wende zur Energieerzeugung steht heute die ökologische Wende der Kommunikation auf der Tagesordnung. Hören Sie sich bitte nicht nur die Argumente der Lobby der konservativen Industrie an, sonder auch die der Lobby von Gesundheit und Umwelt. Bitte unterschätzen Sie nicht länger dieses verstreute und brachliegende Humankapital und den dort versteckten Ideenreichtum. **Gez. Dr. Stefan Spaarmann.**

Ich muss dazu anmerken, dass die Glasfaserinfrastruktur bereits fast ausgebaut ist (Roman Reinke).

Licht – unser unverzichtbares Lebenselixier, - und die Schädlichkeit der Mikrowellenkommunikation. Weil nämlich zukünftig alles auch mit dem völlig unschädlichen Licht gemacht werden könnte. Und einige Länder das schon fast erforscht haben. Stattdessen werden in Deutschland immer mehr Menschen, Bienen und Insekten am weiteren Ausbau der Mikrowellen, evtl. sogar mit 5G, krank werden oder auch sterben. – Doch Deutschland reagiert nicht.

Zusätzlich kann natürlich auch alles über Kabel verbreitet werden. Häuser können nach außen abgeschirmt und innen alles über Kabel geleitet werden.

Und zuletzt: Den Freunden der Gefahren im Netz, W-LAN oder 5G, die Zeitungsüberschrift vom 3. 12. 2020 (HA/Zinkler): „Cybermobbing: Die Opfer werden immer jünger. Peinliche Fotos, Lügen und Erpressung." Also überbringen die Mikrowellen auch viel ungesundes.

————————

Kapitel 12
Die Klugheit weicht dem „weiter so".

„Dabei hätten wir alles tun müssen, damit Schulen und Kitas geöffnet bleiben. Das hätte die Priorität sein müssen. Dort sitzt die Zukunft des Landes."
(Unternehmensberaterin Janina Kugel im Gespräch mit 2 Pers. vom Hamburger Abendblatt im April 2021)

Weitgehend unschädliche Datenübertragung mit möglichst auch viel weniger Stromverbrauch ist also entsprechend Kapitel 10 möglich und notwendig. Dazu stand bereits davor: Der „Bund für Umwelt und Naturschutz Deutschland e. V." (BUND) schlug bereits 2008 dafür einen Grenzwert von 1 $\mu W/m^2$ für Innen und Außen vor. Also nicht höher. Aber oft ist er eben erheblich höher – und wird immer mehr. Warum wird die Übertragungsmöglichkeit mit Licht gemäß Kapitel 9 und die Strahlungsverringerung auf höchstens 1 $\mu W/m^2$ dann nicht weiter verfolgt?

Liegt es beispielsweise an der gemäß www.abgeordnetenwatch.de Ende März 2021 kritisierten Haltung der deutschen Parteien und Abgeordneten: „134 Firmen sind im Besitz von Abgeordneten, oder: Seit Jahresbeginn haben die Parteien bereits mehr als eine Million allein aus Großspenden erhalten: Grüne 612.000 € (im April wurde es schon mehr), CDU 420.001 € und FDP 50.001 €. Eine Großspende muss dabei nur auf der Internetseite des Bundestages veröffentlicht werden, wenn sie über 50.000 € liegt. Zahlungen darunter werden erst in den Rechenschaftsberichten der Parteien veröffentlicht." Und Anfang April 2021 kamen neue Meldungen von info@abgeordnetenwatch.de über Ermittlungs- und Gerichtsverfahren gegen Abgeordnete.

Am 4. 12. 2019 brachte Frau Leidinger auf T-Online: „So klimaschädlich ist das Internet": Und dann schrieb sie dazu: „Fliegen und Autofahren ist schädlich fürs Klima. Das dürfte den meisten Menschen mittlerweile bewusst sein. Aber die wenigsten machen sich darüber Gedanken, dass es ebenso klimaschädlich ist, sich ein Video bei YouTube anzusehen, kurz etwas bei Google zu suchen, oder online einzukaufen. 3,8 Millionen Suchanfragen werden weltweit pro Minute allein bei Google gestellt. Jede Suche verbraucht dabei laut Google 0,2 Gramm Kohlendioxid. Das bedeutet, dass allein die Suchmaschine pro Minute 760 Kilogramm CO_2 produziert. Würde man diesen CO_2-Verbrauch mit dem eines Autos vergleichen, fährt Googles Suchmaschine alle zwei Minuten einmal um die Welt."

„Den Großteil ihrer Zeit verbringen Menschen im Internet aber nicht mit Google-Suchen, sondern mit dem Ansehen von Videos. Bei einem Drittel davon handelt es sich um pornografisches Material. Wären die Streamingdienste wie Netflix und Amazon ein Land, würden sie in einem Jahr so viel CO_2 produzieren wie Chile, wie eine Untersuchung des ‚Shift Projects' zeigt." - „Kurz etwas bei Google zu suchen", kann seit 2019 auch dazu führen, nur die Unternehmen dort zu finden, die dafür extra Geld bezahlen. Wer das nicht wollte, wurde dort gelöscht und ist nur noch bei „Mozilla Firefox" zu finden.
„Stromfresser Internet. EU Kommissionsvize Vestager erwartet hohen Energieverbrauch durch Digitalisierung", war dann am 16. 12 2019 die Überschrift im „Hamburger Abendblatt". Und darin berichtete Herr Kerl beispielsweise von Zahlen des Stromversorgers EON, dass allein durch

Plattformen wie YouTube und Netflix und durch Videokonferenzen mit Skype und anderen weltweit rund 200 Milliarden Kilowattstunden Strom pro Jahr verbraucht werden. Schon 2018 hätten diese Plattformen ungefähr so viel Strom verbraucht wie alle Privathaushalte in Deutschland, Italien und Polen zusammen, berichtete dpa. Oder 40.000 Google-Suchanfragen pro Sekunde weltweit mit je 0,3 Watt bringen 12 KW pro Sekunde oder 43.200 KW pro Stunde. Wenn dieser Mobilfunkverbrauch mit viel Geld immer weiter ausgebaut wird. Und wenn dazu noch der UN-Klimagipfel in Madrid am 15. 12. 2019 mit „Stillstand beim Klimaschutz" (HA) zu Ende ging , dann wird es so noch lange nichts mit dem „Umwelt- und Lebenserhalt statt Untergang", sondern nur der Untergang kommt.

Viele sitzen eben auch beim Computerspiel mit großem Stromverbrauch vor dem Internet. Das wird aber in Deutschland sogar aus Steuermitteln gefördert. Dazu schrieb der Abendblatt Redakteur Iken u. a. in seiner Hamburger Kritik am 30. 11/1. 12. 2019: „Wirklich groß ist die große Koalition nur im Geldausgeben. Vor wenigen Tagen waren es 200 Millionen Euro Förderung für die Computerspielindustrie – offenbar eine systemrelevante Branche." Damit alle immer nur noch spielend mit dem Smartphone herumlaufen? Die Überschrift zum Artikel hieß: „Wenn jeden Tag Black Friday ist. - So schnell hat die Politik noch nie Milliarden verteilt. Nun gerät sogar die Schuldenbremse ins Visier." Und dann schrieb er auch: „Ein seltsames Bündnis von rechts bis links möchte die Geldschleusen endgültig öffnen. In der vergangenen Woche forderten der Bund der Deutschen Industrie und der deutsche Gewerkschaftsbund, dass der Bund in den kommenden 10 Jahren jedes Jahr 45 Milliarden zusätzlich investieren soll."

Und Herr Hieff vom ADAC Hansa sagte: „Hände weg vom Handy! Das wird auch in Hamburg zunehmend zur

Hauptunfallursache" (31. 7. 2020 HA). (Handy ist auch = Smartphone.)

So viel über das Negative im Internet und die Förderung des Spielens auf dem Smartphone oder Computer im Internet. – Zusätzlich kommt neuerdings die neue Mode, überall im Hause alles zu regeln oder regeln zu lassen: Smartphone und Home sind dann zusammen Smarthome. Dann heißt es zum Komfort: Moderne Hauselektronik ist klug – und unsere Smartphone Apps steuern mit viel Wissen die Funktionen des Hauses. So lassen sich Beleuchtung, Rollladenmotoren, Panikschaltung und sichernde Magnetkontakte nach Wunsch steuern. Vom zusätzlichen Energieverbrauch, der zusätzlichen Wärmeentwicklung und auch der Strahlung redet man natürlich nicht.

Sodann noch der Hinweis: „Intelligente Stromzähler kommen – und mit ihnen mehr Überwachung und variable Stromtarife." „Zunächst werden diese Smart Meter nur für Betriebe und Haushalte mit einem Stromverbrauch von mehr als 6.000 kWh im Jahr zur Pflicht." Und zusätzlich „bei Solaranlagen über 7 kW Leistung, Ladepunkten für E-Autos und Nachtspeicherheizungen." (19. 12. 2019 DEUTSCHE WIRTSCHAFTSNACHRICHTEN über Scheingräber.)

Es können aber noch andere notwendige Problemlösungen hinzukommen: Am 18. 3. 2021 erhielten die Biontech-Gründer Özlem Türeci und Ugur Sahin als Corona Impfstoff Erfinder und Hersteller den AXEL SPRINGER AWARD. Ab 2020 wurde von ihnen der gute COVID-19-Impfstoff hergestellt. Dabei hielt Österreichs Kanzler Kurz die Laudatio (Bild 19. 3. 2021) und am Tag darauf erhielten die zwei das deutsche Bundesverdienstkreuz.

Gratuliert wurde auch vom israelischen Premier, der schrieb: „Israel werde als erstes Land die Pandemie hinter sich lassen." Also andere Länder bekamen ausreichend den in Deutschland erfundenen Impfstoff – nur Deutschland nicht. Es klappte nichts. Eine Liste vom 15. 4. 2021 zeigte Deutschland mit 16,9 % geimpfter Personen an 30. Stelle, während in Israel 61,5 % geimpft waren, in den USA 36,57 % und in Ungarn 31,44 % (HA) – also selbst in Ungarn fast doppelt so viele wie in Deutschland. Das Impfen schützt dann nur rund 6 Monate. Wenn also bis zum Oktober 2021 nicht alle in Deutschland geimpft sind, werden die zuerst geimpften möglicherweise schon wieder angesteckt.

Es muss aber klappen. Auch die Strahlungsverringerung statt Erhöhung und die neuen Forschungen – wie beim Licht. Sonst ist es wie in der „POST VON WAGNER" in der „Bild" vom 4. 3. 2021: „...In unseren Universitäten lehrten Einstein und Röntgen, schrieben Goethe und Schiller, wir erfanden das Auto, den MP3-Player, das Fernsehen... Wir haben kein gemeinsames Denken mehr. Wir Deutschen waren einmal sehr klug. Sind wir plötzlich dumm geworden?"

Oder am 21. 3. 2021 hieß eine Hauptüberschrift im „Hamburger Abendblatt": „Was ist bloß mit Deutschland los?" - Es ging zwar um Corona – aber bei der Strahlungsalternative Licht ist es fast entsprechend.

Viele müssen sterben oder werden krank. Entsprechend war es mit der Umweltvergeudung in der ehemaligen DDR, wie es am 28. 4. 2021 im Fernsehen (Das Erste) der Film „Die unheimliche Leichtigkeit der Revolution" beschrieb. Die Regierung wollte davon nichts wissen, aber immer mehr Jugendliche demonstrierten entsprechend ‚Fridays for Future' in Leipzig, in der Kirche beginnend, dagegen.

Nur demonstriert heute keiner gegen die schädliche Strahlung und ihre Abwehr oder Verminderung, obwohl viele Ärzte und die nachfolgend aufgeführten Verbände dies bemängeln. Aber die meisten Personen wollen wohl lieber einen guten Empfang auf ihrem Smartphone – und nichts von der Strahlungsschädlichkeit wissen. Ähnlich, wie es die Verbrauchenden nicht wissen wollen, dass Rauchen, Alkohol und Rauschgift schädlich sein können.

―――――――

Anhang

1. Verbände gegen Strahlung

Verbände gegen schädliche Strahlung:
Bürgerwelle e. V. (in Deutschland ansässig Schutz
von Mensch und Umwelt – sodann i. d. Schweiz und
Italien) S. Zwerenz, Lindenweg 10, 95643
Tischenreuth, Tel.: 09631-795736,
pr@buergerwelle.de,www.buergerwelle.de .

KOMPETENZINITIATIVE zum Schutz von
Mensch, Umwelt und Demokratie e. V. Parallelstr. 26,
66125 Saarbrücken. www.kompetenzinitiative.com ,
Tel.: 033 6589 18182. Tel.: 06897-766176.
www.aerzte-und-mobilfunk.eu (Veranstalter von
„Biologische Wirkungen des Mobilfunks")

Diagnose:funk Umwelt- und Verbraucherorganisation
zum Schutz vor elektromagnetischer Strahlung e. V.
Postfach 15 04 48, 70076 Stuttgart, Tel. 069 63 70 42
03. Mit der Information: „WLAN an Schulen? Ärzte
warnen vor Risiken für Kinder und Lehrer. Brief zum
Strahlenschutz an das Ministerium. Herausgeber des
Ratgebers „Elektrostress im Alltag. Anregungen zur
Minimierung . Was jeder selbst tun kann.
kontakt@diagnose-funk.org www.diagnose-funk.org .

2. Die Baubiologen:

1. Das Institut für Baubiologie + Nachhaltigkeit. institut@baubiologie.de + www.baubiologie.de .
2. VDB – Berufsverband Deutscher Baubiologen e.V.   iinfo@baubiologie.net www.baubiologie.net .
3. VB – Verband Baubiologie e. V. info@verband-baubiologie.de. + www.verband-baubiologie.de
4. Im Text wurde bereits der ausbildende Dr. Moldan genannt, die aber z. T. Auch untersucht und Abhilfe schafft. Denn weniger Strahlung im Betrieb ist ja, wie er4 schrieb, preiswerter als kranke Mitarbeiter.

_____

3. Die wichtigen Sachbücher
des Autoren Roman Reinke:

Mobilfunk und W-Lan
Als E-Book von 2013

Schutz vor Schädlicher Strahlung
Als Buch und E-Book
Das ist dieses Buch

Erhalt der westlichen
Kultur statt Untergang
ab Juli 2021 als Buch und E-Book.
Mit 175 Seiten

Umwelt- und Lebenserhalt in Europa
Ab August 2021 als Buch und E-Book
Umfangreich mit 298 Seiten

———————

Achten Sie auf die Schädlichkeit der Mobilfunkstrahlung! Halten Sie Handy oder Smartphone nicht ans Ohr!